ABC der Tiere 3
Arbeitsheft Sprachbuch
silbierte Ausgabe

Herausgegeben von
Klaus Kuhn

Bearbeitet von
Kerstin Mrowka-Nienstedt

Illustriert von
Heike Treiber

Name: _____

Klasse: _____

Inhalt

● Sprechen und Zuhören   ● Schreiben   ● Richtig schreiben   ● Lesen – mit Texten und Medien umgehen   ● Sprache und Sprachgebrauch untersuchen

Wir sind in Klasse 3

Die Klasse 3c hat ihre geplanten Aktivitäten in einem Kalender notiert.

September	Oktober Herbstfest in der Klasse Theaterbesuch	November Basteln für den Adventsbasar	Dezember 2.12. Adventsbasar Vorlesen im Kindergarten
Januar Lesenacht gesundes Frühstück in der Schule	Februar Fastnachtsfeier	März Besuch in einem Handwerksbetrieb	April Besuch im technischen Museum in Straßburg
Mai 6.5. Frühlingsbasar Besuch beim Ranger Fledermausprojekt	Juni Bundesjugendspiele Vorlesewettbewerb in der Schule	Juli Wandertag 25.7. Abschlussfest mit Theateraufführung	August Sommerferien

1. Im September beginnt für die Klasse 3c die Schule wieder.
   Was könnte sie in diesem Monat tun? Schreibe deine Ideen in den Kalender.

2. Beantworte folgende Fragen mithilfe des Kalenders.

   a) Wann besucht die Klasse 3c den Ranger?

   b) Wann plant die Klasse 3c das gesunde Frühstück in der Schule?

   c) Wohin will die Klasse 3c im April fahren?

3. Welchen Handwerksbetrieb könnten die Kinder im März besuchen?

4. Ich: Welche Aktivitäten sind in deiner Klasse geplant?
       Sammle weitere Ideen.
   Du: Tausche dich mit deinem Partner aus.
       Wann könnt ihr diese Aktivitäten unternehmen?
   Wir: Stellt eure Vorschläge in der Klasse vor.
        Legt gemeinsam einen Klassenkalender an.

Nomen und Artikel

KARIN IST KLASSENSPRECHERIN

NUN HABEN DIE KINDER GEWÄHLT. DIE LEHRERIN FRAGT KARIN, OB SIE DIE WAHL ANNIMMT. GERNE WILL SIE SICH UM DIE MITSCHÜLER KÜMMERN. SARA GRATULIERT DER FREUNDIN UND NIMMT SIE IN DIE ARME.

TIMO SITZT IN EINER ECKE DES KLASSENZIMMERS. SEINE AUGEN SEHEN TRAURIG AUS. KARIN GEHT ZU IHM UND MEINT: „WIR WERDEN GEMEINSAM KLASSENSPRECHER." ALLE MÄDCHEN UND JUNGEN DER KLASSE STIMMEN ZU.

1. Unterstreiche 13 weitere Nomen.
   Lasse die Namen Karin, Sara und Timo weg.

2. Schreibe die unterstrichenen Nomen in der Einzahl mit dem bestimmten Artikel auf:
   die Klassensprecherin

3. Schreibe den Text richtig in dein Heft.
   Denke daran, dass auch Satzanfänge großgeschrieben werden.

4. Stelle dir vor, du bist Timo.
   Schreibe auf, wie du dich nach Karins Angebot fühlst.

G	E	H	E	N	L	O	X	K	A	R	T	E	Z	U	M
T	B	T	O	R	J	E	S	L	P	Ü	B	X	Y	F	S
U	L	A	N	G	S	T	V	A	B	A	L	D	T	U	N
R	P	C	H	Q	U	R	U	S	P	I	E	L	A	ß	M
N	L	W	W	I	E	N	F	S	I	G	U	K	Z	B	V
E	A	X	A	N	T	F	R	E	U	N	D	D	A	A	R
N	T	I	E	W	O	V	Q	R	T	A	B	O	M	L	A
T	Z	I	M	M	E	R	S	Q	N	A	S	E	A	L	S

1. Finde die 10 Nomen und kreise sie ein.

2. Trage die Nomen mit dem bestimmten Artikel in der Einzahl und in der Mehrzahl
in die Tabelle ein.

Einzahl	Mehrzahl

3. Vergleiche die Lösung mit einem Partner.

1. Trage die Wörter in die Häuschen ein.

| Blume | treffen | Wolke | raten | denken | wollen |

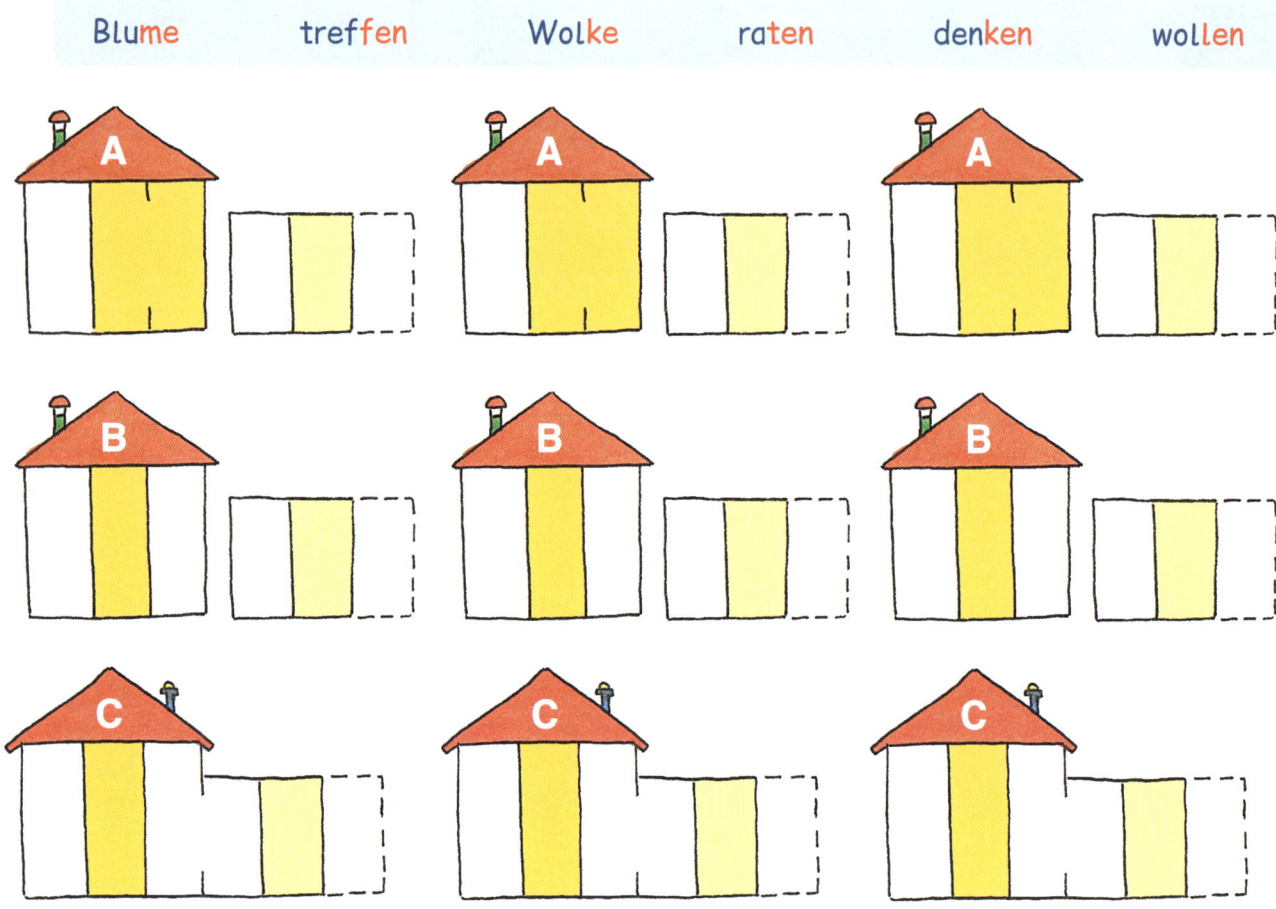

2. Finde selbst Wörter für die restlichen Häuschen und trage sie ein.

3. Besprich die Lösung mit einem Partner und begründe deine Entscheidung.

4. Vervollständige die Sätze.

Die Häuschen A, B und C

Die betonte Silbe steht immer im _____.

Die unbetonte Silbe steht in der _____ und

enthält immer den Buchstaben ___.

Der Selbstlaut im Häuschen A wird immer _____ gesprochen.

Bei Häuschen ___ und Häuschen ___ höre ich die Trennung

zwischen den Silben gut.

In Häuschen ___ trage ich Wörter mit doppeltem Mitlaut ein.

Nomen mit der Endung -ung

1. Bilde Nomen mit der Endung -ung und schreibe sie auf:
   Verkleidung

2. Verbinde mit der richtigen Bedeutung.

a) verkleiden

b) zeichnen

c) wandern

d) überprüfen

e) wohnen

f) beleuchten

g) erblinden

h) ernähren

ein langer Weg durch die Natur

Kostüm

Verlust des Augenlichts

Bild

Kontrolle

Essen und Trinken

Unterkunft

Licht

3. Schreibe die Nomen mit -ung und deren Bedeutung in dein Heft.
   a) die Verkleidung – das Kostüm

4. Vervollständige den folgenden Satz:

   Wenn ich an den Wortstamm eines Verbs die Endung -ung anhänge,

   erhalte ich ein _____ .

Personalformen

1. Kreise den Wortstamm der Verben in der Grundform ein.
   Bilde alle Personalformen.

beginnen		fallen	
ich		ich	
du		du	
er/sie/es		er/sie/es	
wir		wir	
ihr		ihr	
sie		sie	

2. Setze passende Verben in der richtigen Personalform ein.

Ein Nachmittag im Schwimmbad

Hanna und Amira _____ sich im Schwimmbad.

Zuerst _____ sie vom Sprungturm. Das _____ großen Spaß!

Nun _____ Hanna zur Wasserrutsche. Sie _____ die Leiter

hinauf und _____ mit Schwung hinunter. Das Wasser _____ ihr

ins Gesicht. Amira _____ am Beckenrand und _____.

Sie _____ ein Eis in der Hand und _____: „_____ du auch

ein Eis haben?"

treffen	machen	klettern	spritzen	lachen	rufen
springen	gehen	rutschen	stehen	halten	möchten

3. Schreibe die Geschichte in dein Heft.

4. Was könnten Hanna und Amira noch erleben? Schreibe die Geschichte zu Ende.

Adjektive mit -ig und -lich

Wettervorhersage

Am Montag ist es morgens sonnig, später wolkig.

Am Abend ziehen kräftige Schauer auf.

Am Dienstagmorgen ist es neblig. Im Laufe des Tages

löst sich der Nebel auf. Die Sonne wird am Mittwoch

von Wolken verdeckt und es ist sehr windig. Der

Donnerstag ist frostig und es kommt zu gewaltigen

Schneefällen. Auch am Freitag bleibt es eisig.

Am Wochenende zeigt sich meistens die Sonne.

1. Unterstreiche die Adjektive.

2. Schreibe zu den Adjektiven das passende Nomen mit Artikel auf, z. B.:
   sonnig – die Sonne

3. Einige der Adjektive enden auf -ig, andere auf -lich.
   Schreibe die Wörter in die richtige Spalte und vervollständige sie.

öst-	durst-	mut-	stünd-	sommer-
nebl-	freund-	lust-	süd-	wind-

-ig	-lich

Adjektive – Vergleichsstufen

1. Trage die Adjektive in die richtige Spalte ein und ergänze.

| schneller als | groß | am schönsten | teurer als | am kältesten | hart |

Grundform	1. Vergleichsstufe	2. Vergleichsstufe

2. Ergänze die Sätze mit passenden Vergleichsstufen.

Ein Erwachsener ist _____ ein Kind.

Der Mount Everest ist der _____ Berg der Welt.

Ein Zug fährt _____ ein Bus.

Die Sommerferien sind die _____ Ferien.

Das Meer ist _____ ein Teich.

| tief | groß | lang | schnell | hoch |

3. Bilde mit den Vergleichsstufen Sätze und schreibe sie in dein Heft.

| kleiner als | am kältesten | am schönsten | heißer als | weicher als |

1. Ergänze die Satzzeichen in den Sprechblasen.

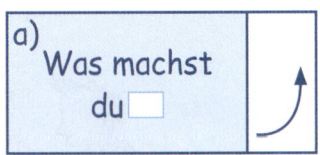 2. Lest das Gespräch mit verteilten Rollen. Vergleicht die Satzzeichen und begründet.

3. Lies die folgenden Sätze laut und ergänze die Satzzeichen.
   Wie verändert sich deine Stimme? Zeichne einen Pfeil, der sich hebt oder senkt.

a) Was machst du ☐	b) Ich erzeuge Wolken ☐	c) Schau her ☐
d) Feine Wolken entstehen ☐	e) Warum ist das so ☐	f) Führe den Versuch durch ☐

4. Warum bilden sich feine Wölkchen? Führe den Versuch selbst durch.

Auslautverhärtung b – p, d – t, g – k

1. **b** oder **p**, **d** oder **t**, **g** oder **k**? Verlängern hilft dir dabei: Bilde die Mehrzahl.
   Trage die Mehrzahl der Nomen ein.
   Die markierten Kästchen ergeben das Lösungswort.

Zwei ●
Kor ●
We ●
Win ●
Boo ●
Zel ●
Kin ●
Wal ●

Lösungswort: _____

2. **d** oder **t**, **g** oder **k**? Bilde die 1. Vergleichsstufe.
   Trage die fehlenden Buchstaben richtig ein.

käl☐er – kal☐

lau☐er – lau☐

hasti☐er – hasti☐

mil☐er – mil☐

hefti☐er – hefti☐

spannen☐er – spannen☐

stär☐er – star☐

hungri☐er – hungri☐

3. **b** oder **p**, **g** oder **k**? Bilde die Grundform.
   Verbinde er-Form und Grundform. Trage die fehlenden Buchstaben ein.

sa☐en

den☐en

len☐en

schrei☐en

hu☐en

kle☐en

er schrei☐t

er kle☐t

er hu☐t

er sa☐t

er len☐t

er den☐t

Manchmal fühle ich mich ...

S. 30, 31

B	Ä	N	G	S	T	L	I	C	H	Z	X	B	F	J	Ü
E	R	C	B	O	Y	V	G	L	Ü	C	K	L	I	C	H
D	G	L	F	R	E	U	D	I	G	U	M	Y	X	S	T
R	E	D	I	G	Z	W	B	E	K	Ü	M	M	E	R	T
Ü	R	H	G	E	R	T	Q	U	N	S	I	C	H	E	R
C	L	N	J	N	G	L	U	S	T	I	G	M	B	R	A
K	I	M	Y	F	R	Ö	H	L	I	C	H	P	B	U	U
T	C	V	E	R	Z	W	E	I	F	E	L	T	Ü	D	R
U	H	T	B	E	G	E	I	S	T	E	R	T	G	T	I
Z	U	F	R	I	E	D	E	N	O	D	W	Y	X	C	G

1. Finde 13 weitere Adjektive und kreise sie ein.

2. Welche Bedeutung haben diese Adjektive für dich?
   Ordne sie dem lachenden 😊 oder dem weinenden 🙁 Gesicht zu
   und trage sie in die Tabelle ein.

😊	🙁

3. Sprich mit einem Partner über deine Zuordnung und erkläre sie.

4. Finde weitere Adjektive, die Gefühle ausdrücken. Schreibe sie in dein Heft.

Das stumme h im Wortstamm – Wortfamilie

S. 32, 33

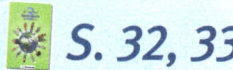

wähl-
l
m
n
r
zählen
sehnen
fahren
wohnen
wählen
fühlen
lahmen
führen
nehmen
kehren
rühren

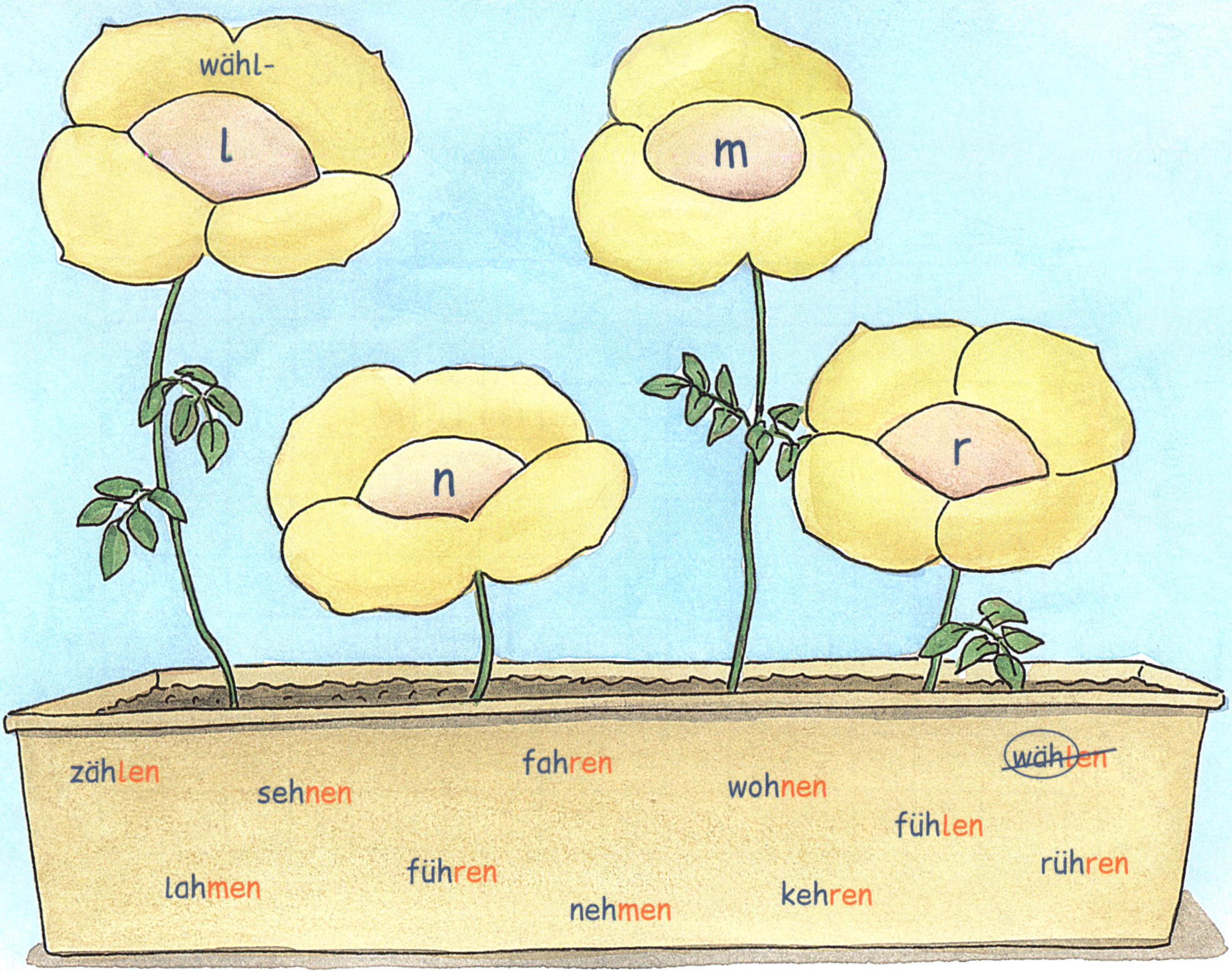

1. Kreise den Wortstamm der Verben ein.
   Schreibe die Wortstämme in die richtigen Blütenblätter.

2. Schreibe passende Verben aus Aufgabe 1 in der richtigen Personalform in die Lücken.

Lukas ______ *mit seinen Eltern in einem Hochhaus.*

Jeden Tag ______ *er seinen Hund Fips aus.*

Der Hund ______ *sich nach Auslauf.*

Deswegen lässt er sich gerne an die Leine ______.

Doch plötzlich ______ *Fips.*

Lukas ______ *mit Fips um und geht mit ihm zu seinem Freund Sebastian.*

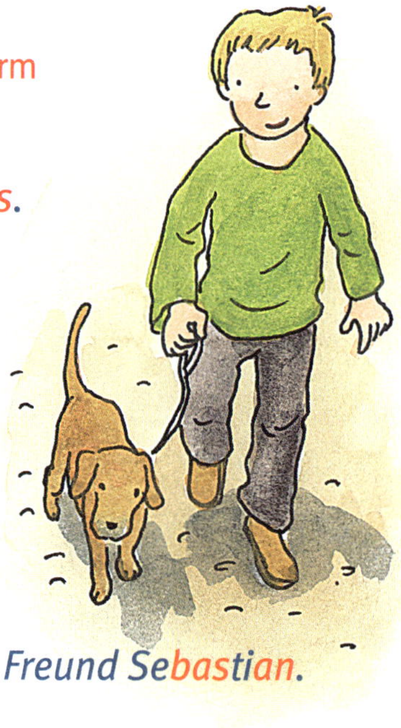

3. Schreibe die Sätze aus Aufgabe 2 in dein Heft.
   Suche dir mindestens drei weitere Verben aus Aufgabe 1 aus und führe die Geschichte fort.

4. Finde eine passende Überschrift zu der Geschichte.

Das stumme h im Wortstamm – Wortfamilie

Die Wörter gehören zu drei Wortfamilien.

1. Finde die Wortstämme und schreibe sie auf die Kärtchen in der Mitte.

2. Ordne die Wörter den Wortstämmen zu.

genehmigen

nehm

~~genehmigen~~
Wohnwagen
fahren
Fahrer
wohnlich
nehmen
Fahrrad
annehmbar
Anwohner
befahrbar
abnehmen
Bewohner
Fahrbahn
angenehm
Wohnung
zunehmen
Einfahrt
wohnen

3. Finde den Wortstamm und schreibe so: Kühlschrank – kühl

abgezählt
Kehrschaufel
auswählen
Kühlschrank
anlehnen

4. Bilde Sätze mit den Wörtern aus Aufgabe 3 und schreibe sie in dein Heft.

Einen Brief schreiben

Die Klasse 3c bekommt einen Antwortbrief von Lukas.

Hannover, den 31.10.20

Liebe Klasse 3c,

vielen Dank für euren Brief. Es geht mir schon besser,
aber ich muss noch ein paar Tage zu Hause bleiben.

Am Tag der Aufführung habe ich einen Arzttermin.
Ich wäre so gerne gekommen!

Ich freue mich, wenn ich wieder in die Schule gehen kann.

Viele liebe Grüße

euer Lukas

Lukas Huber
Hirschbergstraße 15
30855 Hannover

Klasse 3c
Schulstraße 10
30855 Hannover

1. Unterstreiche die Bausteine im Brief in folgenden Farben.

🔴 Ort und Datum　　🟢 Anrede　　🟤 einleitender Satz

🟡 Text　　🟣 Schlusssatz　　🔵 Gruß und Unterschrift

2. Die Kinder haben viel Mitgefühl mit Lukas. Sie wollen ihn trösten.
   Schreibe den Brief der Klasse. Die Ideen auf dem Zettel können dir helfen.
   Beachte auch die Bausteine von Aufgabe 1.

Ideen:
- Stück auf Video/CD aufnehmen
- fotografieren
- ihm von der Aufführung erzählen
- ihn oft besuchen
- …

Gegenwart – Schriftliche Vergangenheit

S. 40, 41

1. Immer zwei Verbformen gehören zusammen.
   Male sie in derselben Farbe an.

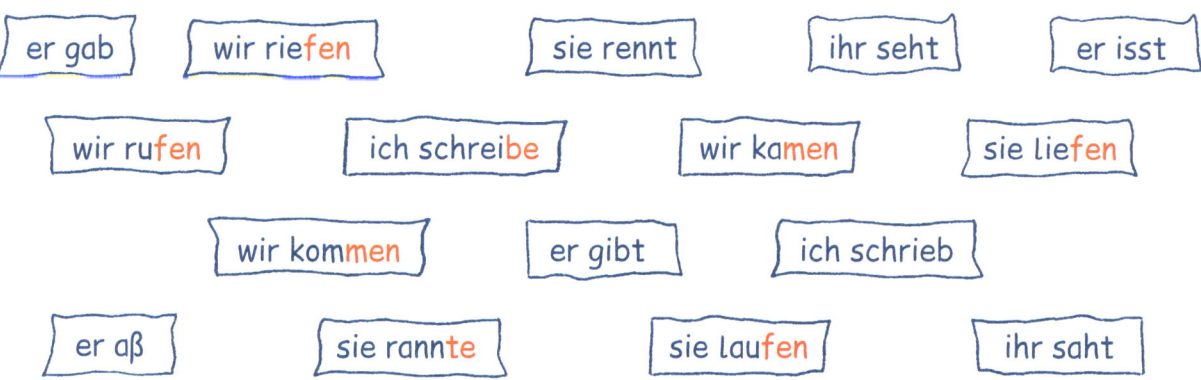

| er gab | wir riefen | | sie rennt | ihr seht | er isst |

wir rufen ich schreibe wir kamen sie liefen

wir kommen er gibt ich schrieb

er aß sie rannte sie laufen ihr saht

2. Schreibe die Verben in der schriftlichen Vergangenheit.

Gegenwart	Schriftliche Vergangenheit	Gegenwart	Schriftliche Vergangenheit
sie geben		sie rennen	
wir essen		ihr schreibt	
er läuft		ich komme	
ich rufe		er sieht	

3. Unterstreiche die Verben in der Gegenwart und
   trage sie in der schriftlichen Vergangenheit ein.

Hertha heute und früher

a) Heute schreibt Hertha in ein Heft.

Früher _____ sie auf eine Schiefertafel.

b) Die Lehrerin sitzt an einem Pult.

Früher _____ sie an einem Katheder.

c) Hertha benutzt einen Bleistift.

Früher _____ sie einen Griffel.

d) Ihre Schulsachen steckt Hertha in den Ranzen.

Früher _____ sie sie in den Tornister.

Gegenwart – Schriftliche Vergangenheit

Josef ist Herthas Cousin. Er lebt in einem kleinen Dorf
in den Bergen. Jeden Morgen legt er einen langen,
beschwerlichen Schulweg zurück.

1. Ergänze die Sätze mit passenden Verben.
   Bilde die richtige Personalform in der schriftlichen Vergangenheit:
   Im Winter verließ Josef …

| verlassen |
| schnallen |
| fahren |
| treffen |
| kommen |
| fallen |
| wärmen |

Im Winter _____ Josef das Haus früh am Morgen.

Er _____ seine langen Holzskier unter die Schuhe

und _____ ins Tal hinab.

Unterwegs _____ er seine Schulkameraden.

Nicht immer _____ Josef trocken im Tal an.

Manchmal _____ er in den nassen Schnee.

Dann _____ er sich am Ofen

in der Schule erst einmal auf.

2. Schreibe die Verben aus Aufgabe 1 in die Tabelle.
   Ergänze die entsprechende Form in der Gegenwart: er verließ – er verlässt

Schriftliche Vergangenheit	Gegenwart

Lang oder kurz?

 S. 42

1. Doppelter Mitlaut oder nicht: l/ll, p/pp, s/ss?
   Sprich jedes Wort auf beide Arten. Wie hört es sich richtig an?
   Trage die Wörter in die richtigen Häuschen ein.

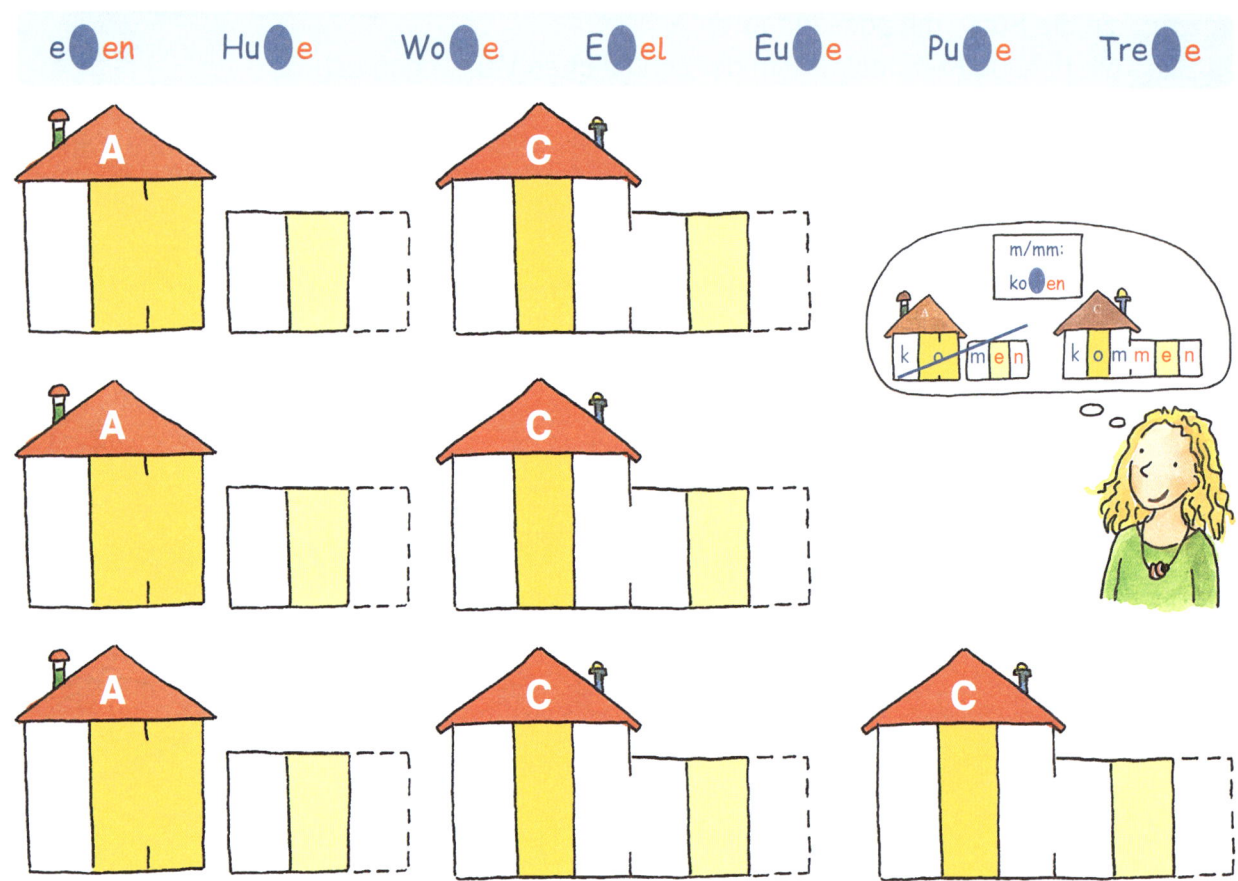

e⬤en   Hu⬤e   Wo⬤e   E⬤el   Eu⬤e   Pu⬤e   Tre⬤e

2. Schreibe die Wörter richtig.

l oder ll?	be____en	ma____en	fa____en
n oder nn?	wei____en	To____e	ke____en
t oder tt?	Ke____e	we____en	Tü____e

3. Ergänze die Lücken.

Mittagessen bei Hertha

Die Mu____er (t/tt) kocht das Mi____age____en (t/tt; s/ss).

Die Kinder re____en (n/nn) die schma____e (l/ll) Tre____e (p/pp) hinauf.

Sie stür____en (m/mm) ins Zi____er (m/mm).

Schne____ (l/ll) e____en (s/ss) sie die heiße Su____e (p/pp).

Danach waschen a____e (l/ll) die Te____er (l/ll) und Lö____el (f/ff) ab.

1. **Ich:** Betrachte die Bilder und ordne die Verben zu.
Zu welchen Wortfeldern gehören sie?
Du: Vergleicht eure Ergebnisse.
Findet zu jedem Bild ein weiteres Verb. Benutzt dazu euer Wörterbuch.
Wir: Tragt eure Ergebnisse zusammen.

rennen	trödeln	schreien	schauen	reden	schlendern	erklären

rennen   trödeln   schreien   schauen   reden   schlendern   erklären

stürmen   hinken   sehen   bummeln   laufen

brüllen   sprechen   erblicken   humpeln   rufen   stolpern

 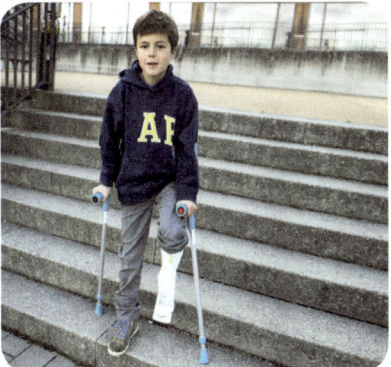 

Wortfeld „gehen"

 S. 43

1. Streiche die Wörter durch, die nicht zum Wortfeld „gehen" gehören.

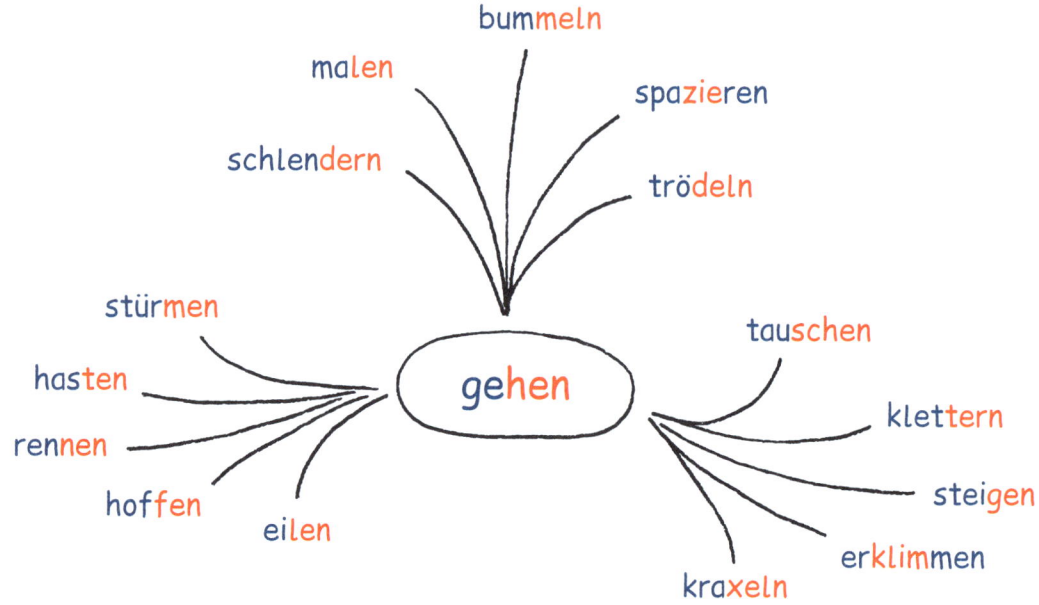

bummeln

malen

spazieren

schlendern

trödeln

stürmen

hasten

gehen

tauschen

rennen

klettern

hoffen

steigen

eilen

erklimmen

kraxeln

2. Setze gehen, laufen oder springen ein.

zu Fuß [   ]   über ein Hindernis [   ]

über einen Graben [   ]   zur Schule [   ]

keuchend nach Hause [   ]   vor Angst davon [   ]

3. Ergänze die Sätze mit passenden Verben in der richtigen Personalform.

Der Ausflug

Die Kinder [   ] mit ihrer Lehrerin zu einer Burg.

Timo [   ] über einen Stein.

Nun [   ] er hinter den anderen her.

Im Zoo

Die Zebras [   ] durch das Gehege.

Die Affen [   ] die Bäume hinauf.

Ein Storch [   ] über die Wiese.

galoppieren
stolpern
schreiten
wandern
humpeln
klettern

Holzwurm und Bücherwurm

In der Bibliothek einer kleinen Stadt lebte der Bücherwurm Armin. Er liebte den Geruch des alten Papiers und die trockene Luft. Aber er fühlte sich dort sehr allein.

Eines Tages brachte die Bibliothekarin einen alten Stuhl in die Bibliothek.

Als abends alle gegangen waren, bemerkte Armin, dass aus einem winzigen Loch des Stuhles ein Holzwurmfräulein neugierig herausschaute. Sie erzählte Armin, dass sie Musine hieß. Aber sie langweilte sich entsetzlich zwischen den dicken alten Büchern. Da nahm Armin sie mit in ein Buch ...

1. Überlege dir, wie die Geschichte weitergehen könnte.
   - In welches Buch nimmt Armin Musine mit?
   - Wohin könnte ihre Reise gehen?
   - Was könnten die beiden erleben?
   Sammle weitere Schreibideen mit der Ideenspinne.

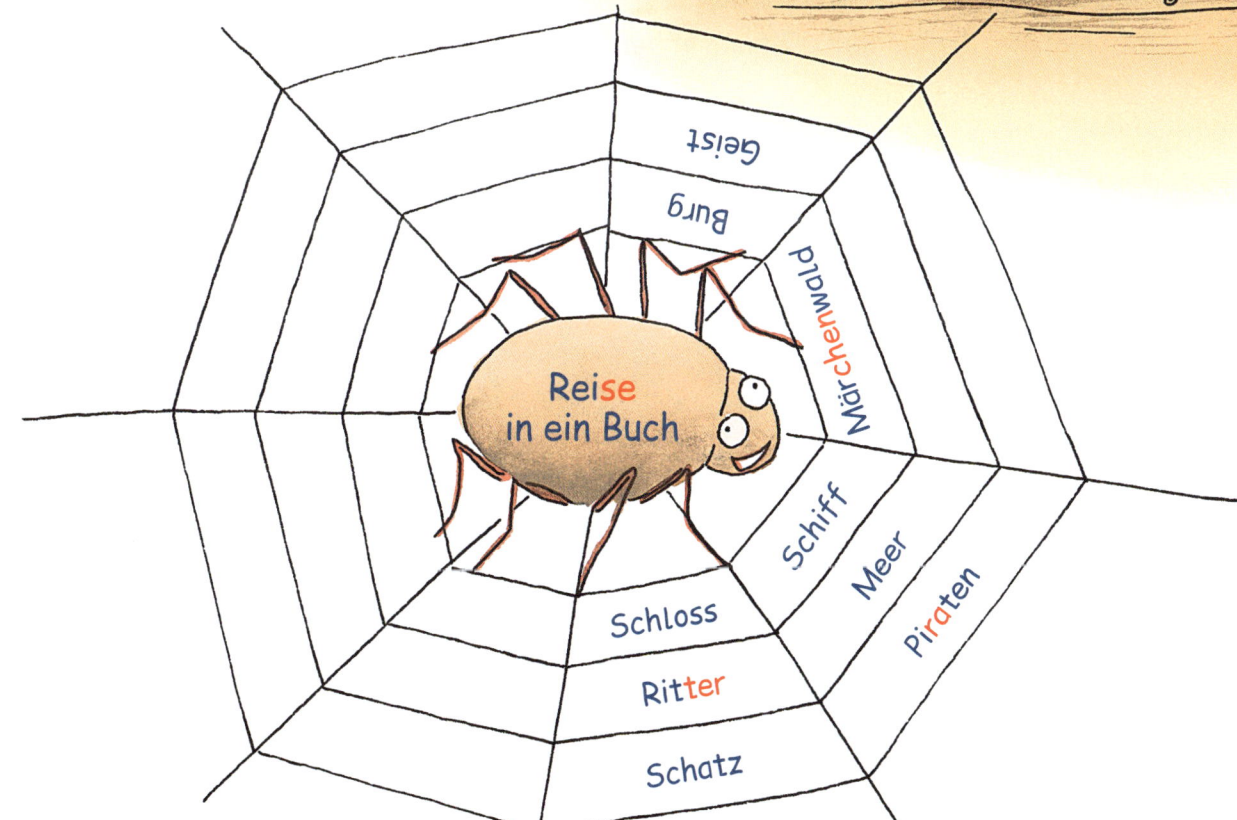

2. Entscheide dich für eine Schreibidee.
   Schreibe die Geschichte auf ein Blatt, damit du sie später überarbeiten kannst.

Schreibkonferenz: Station Vergangenheit

In einer Schreibkonferenz bespricht Karin
ihre Geschichte mit den anderen Kindern
aus ihrer Klasse.

3 Stationen:

Vergangenheit
Adjektive
Satzanfänge

*... Da nahm Armin sie mit in ein Buch. Er frisst ein
Loch in den alten Wälzer und kroch mit Musine hinein.
In dem Buch ist es sehr dunkel und Musine fürchtet sich.
Armin erklärt, dass er auf diese Weise in die Vergangen-
heit und in fantastische Welten reisen konnte. Es hing
nur davon ab, wovon das Buch handelte.*

Du bleibst
nicht in der
Vergangenheit.

1. Unterstreiche die Verben, die nicht in der Vergangenheit stehen.

2. Schreibe den Text mit den Verbformen in der schriftlichen Vergangenheit.

3. Überprüfe bei deiner eigenen Geschichte, ob du immer die schriftliche Vergangenheit
   verwendet hast. Überarbeite die Verbformen, falls nötig.

Schreibkonferenz: Station Adjektive

> Auf einmal befanden sie sich auf einem 🐟 Tisch auf einem 🐟 Marktplatz. Aber wie sah es hier aus? Es gab keine Autos und keine Fahrräder. Und was hatten die Menschen für 🐟 Kleider an! Direkt hinter ihnen lagen 🐟 Fische und Musine rümpfte die Nase.
> Auf dem 🐟 Tisch nebenan lagen 🐟 Äpfel und 🐟 Birnen in 🐟 Körben. „Wo sind wir?", fragte Musine. „Wir sind auf einem Markt im Jahr 1848", erklärte Armin.
> „Von diesem Jahr handelt das Buch."

3 Stationen:

Vergangenheit

Adjektive

Satzanfänge

> An diesen Stellen könntest du passende Adjektive verwenden.

1. Schreibe den Text ab und setze an den markierten Stellen passende Adjektive ein.

2. Überprüfe, ob du bei deiner eigenen Geschichte passende Adjektive einsetzen kannst. Überarbeite deine Geschichte.

Schreibkonferenz: Station Satzanfänge

 S. 45 – 47

3 Stationen:

Vergangenheit

Adjektive

Satzanfänge

Dann sahen sie, wie ein Mann auf sie zukam. Dann erhob er die Hand, als wollte er sie erschlagen. Dann ergriff Armin Musines Hand und kroch mit ihr in das Buch zurück. Dann waren sie wieder in der Bibliothek. „Du hattest recht", meinte Musine. „Hier ist es wirklich nicht langweilig."

Du fängst die Sätze immer gleich an. Benutze unterschiedliche Satzanfänge oder stelle die Wörter um.

1. Markiere die Satzanfänge, die du ändern willst.

2. Schreibe den Text ab und verwende unterschiedliche Satzanfänge.
Die Wörter aus dem Kasten können dir dabei helfen.

endlich

plötzlich

in diesem Augenblick

schnell

sofort

zum Schluss

_____

_____

_____

_____

_____

_____

_____

3. Überarbeite die Satzanfänge bei deiner Geschichte, falls nötig.

4. Schreibe deine überarbeitete Geschichte auf ein neues Blatt.

Essen und Trinken

In jedem Land gibt es typische Speisen. Vielen Menschen fällt „Eisbein mit Sauerkraut" ein, wenn sie an Deutschland denken.
Wenn das Essen beginnt, sagt man: „Guten Appetit!"

1. Wie sagt man in den anderen Ländern? Welches sind die typischen Speisen?
   Sieh im Sprachbuch auf S. 50, 51 nach. Male die Landesflagge aus und schreibe so:

Deutschland: Guten Appetit!
Eisbein mit Sauerkraut und Knödeln

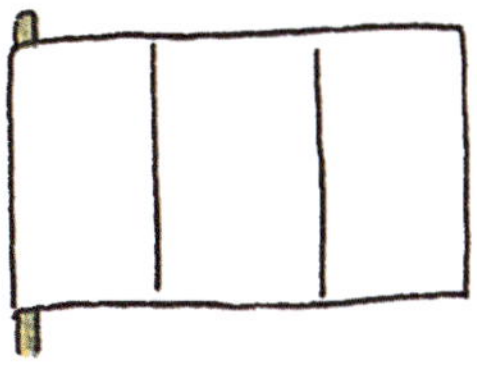

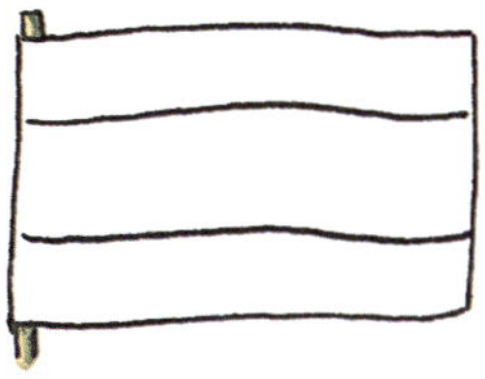

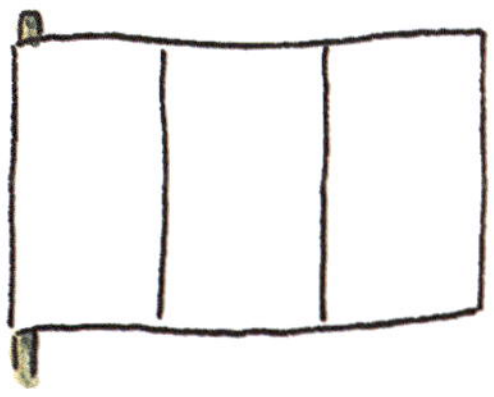

2. Male und schreibe wie bei Aufgabe 1 auch für andere Länder.

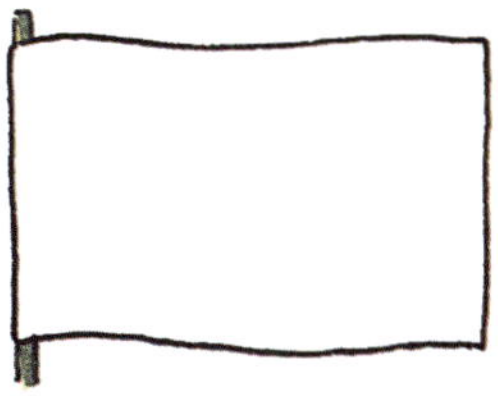

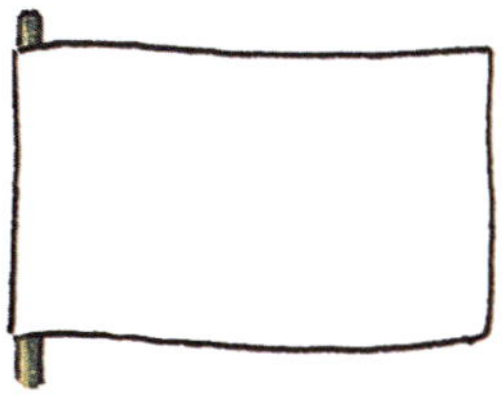

Nach der Schule kommt Lukas nach Hause.
Seine Mutter Linda sitzt am Esstisch und liest Zeitung.

① Lukas grüßt	Natürlich darfst du das.
② Mutter Linda erwidert	Prima! Ich darf bei Gökhan türkische Speisen probieren.
③ Lukas fragt	Hallo Mama!
④ Mutter Linda stimmt zu	Darf ich morgen bei Gökhan zu Mittag essen?
⑤ Lukas erklärt	Hallo Lukas!

1. Verbinde jeden Redebegleitsatz mit einer wörtlichen Rede.

2. Schreibe das Gespräch auf und ergänze den Doppelpunkt und die Redezeichen.

3. Unterstreiche den Redebegleitsatz rot und die wörtliche Rede grün.

4. Suche dir einen Partner. Lest das Gespräch mit verteilten Rollen.

Wörtliche Rede – Redebegleitsatz

S. 52, 53

Nachdem Lukas bei Gökhans Familie zu Mittag gegessen hat, telefonieren die Mütter Linda und Emine miteinander.

Vielen Dank, dass Lukas bei Gökhan essen durfte.

Hat es ihm denn geschmeckt?

Sehr sogar. Besonders Köfte. Er kann gar nicht mehr aufhören, davon zu schwärmen.

Köfte sind gebratene Hackfleisch-bällchen.

Könnte ich das Rezept für Köfte bekommen?

Natürlich. Dazu braucht man ...

sagen   antworten   bitten   fragen   erwidern   erklären

1. Schreibe das Gespräch auf.
   Beachte die Zeichensetzung und verwende für die Redebegleitsätze die Verben aus dem Teller.
   Schreibe so: Mutter Linda sagt: „...

2. Suche dir einen Partner. Lest das Gespräch mit verteilten Rollen.

Wortfeld „sagen"

S. 53

1. Finde die sechs Verben aus dem Wortfeld „sagen". Kreise sie ein.

P	J	L	E	R	L	Ä	U	T	E	R	N	Z	T
V	U	R	W	G	H	W	A	U	V	Y	T	S	A
R	B	E	J	A	H	E	N	T	E	N	Q	C	D
M	E	R	W	I	D	E	R	N	S	I	H	H	E
F	L	Ü	S	T	E	R	N	W	R	A	L	V	L
C	N	X	Q	R	C	H	E	N	M	T	E	H	N

2. Unterstreiche im Redebegleitsatz jeweils das Verb.
   Schreibe die Sätze ab und ersetze dabei die unterstrichenen Verben durch passende
   Verben aus Aufgabe 1. Ergänze den Doppelpunkt und die Redezeichen.

a) Lisa triumphiert   Ich habe ein Tor geschossen!

b) Hanna entgegnet   Ich habe drei Bälle gehalten.

c) Die Lehrerin erklärt   Nomen schreiben wir groß.

d) Sie bemängelt   Viele Schüler achten nicht auf die Großschreibung.

e) Timo tuschelt   Kommst du heute zu mir?

f) Malte stimmt zu   Ich komme gerne.

Vorsilben

1. Schreibe die Verben mit der Vorsilbe ver- so auf:
   <u>ver</u>teilen – er <u>ver</u>teilt
   Achtung: Ein Verb passt nicht. Streiche es durch.

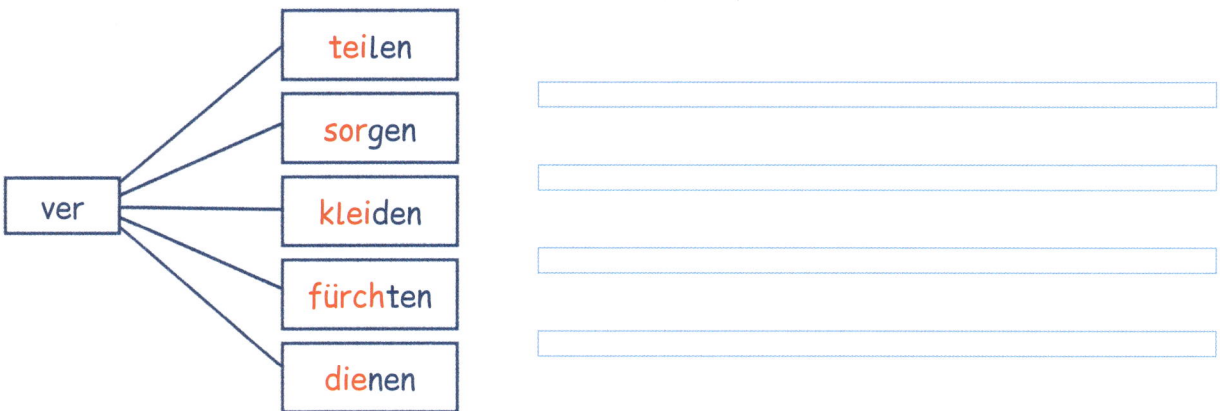

2. Bei manchen Verben wird die Vorsilbe bei der Bildung der Personalformen abgetrennt.
   Schreibe so: <u>aus</u>gehen – er geht <u>aus</u>
   Welches Verb passt nicht? Streiche es durch.

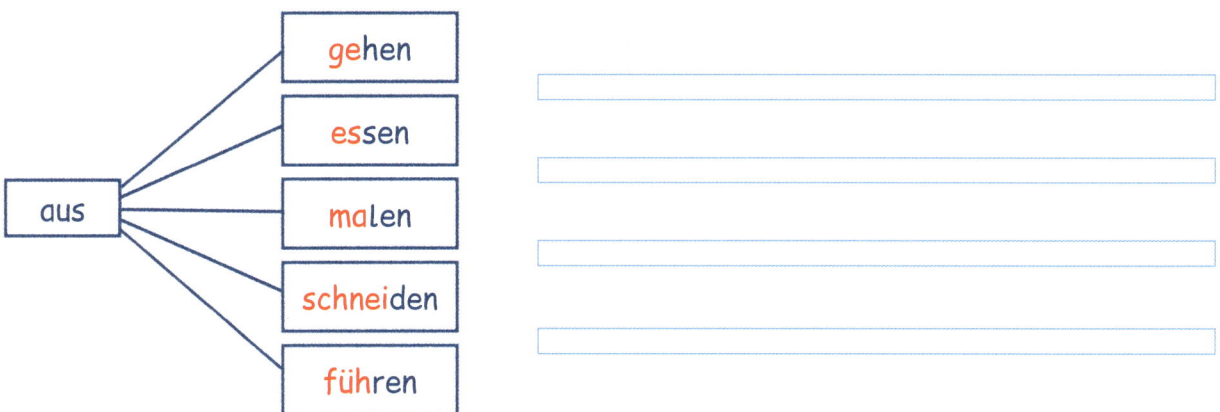

3. Setze passende Verben in der richtigen Form ein.

   Die Kinder der Partnerklasse _____ *sich über die Einladung.*

   Auch sie wollen die Klasse 3 c _____ .

   Gemeinsam _____ *sie sich ein Motto.*

   Max _____ *eine Schnitzeljagd* _____ .

   Einstimmig _____ *die Kinder den Vorschlag* _____ .

   | annehmen | überlegen | einladen | vorschlagen | freuen |

Vorsilben

S. 54

Ein gesundes Frühstück

Heute bereiten die Kinder der 3 c ein gesundes Frühstück zu. Dazu brühen sie Früchtetee auf. Timo und Sara pressen Orangen aus. Ayse verrührt Quark mit Kräutern und Knoblauch. Charlotte schneidet Brot auf. Uwe und Karin geben Haferflocken, Obst, Nüsse und Joghurt in eine Schüssel. Emilio rührt alles gründlich um. Da kommen auch schon die Kinder der Partnerklasse. Sie bringen Teller, Tassen und Schüsseln mit. Alle freuen sich über das gelungene Frühstück.

1. Unterstreiche alle Verben im Text.
   Achtung: Viele Verben bestehen aus zwei Teilen.

2. Schreibe nur die zweiteiligen Verben aus dem Text auf und
   bilde die Grundform: sie bereiten zu – zubereiten

3. Malte, Timo und Ayse erstellen ein Frühstückskochbuch. Was tun sie? Bilde drei Sätze.

Malte
Ayse
Timo

anrichten
abtippen
fotografieren

die Zutatenliste
den dekorierten Teller
das Essen

Zusammengesetzte Nomen

 Küche
 Kuchen
 Eis
 Torte

 Gabel
 Butter
 Salat
 Brot

Tisch
 Reis
 Schokolade
 Milch

1. Welche Wörter ergeben sinnvolle zusammengesetzte Nomen?
   Schreibe sie mit Artikel auf. Du kannst die Wörter auf den Karten mehrfach verwenden.

2. Zerlege die zusammengesetzten Nomen und schreibe die Wörter mit Artikel auf.

   das Erdbeermarmeladenglas   Obstsalatschüssel   Nusskuchenform

3. Finde zusammengesetzte Nomen mit „Glas", z.B.: das Wasserglas

Glas

Eine Einladung schreiben

1. Lies das Gespräch. Unterstreiche alle wichtigen Angaben zur Party.

2. Ergänze die Stichpunkte mit den Angaben aus dem Text.

Wer wird eingeladen?

Anlass:

Ort:

Datum und Uhrzeit:

Bitte mitbringen:

3. Schreibe für Timo eine Einladung zur Geburtstagsparty.
   Verwende dazu die Angaben von Aufgabe 2.
   Denke an einen Schlusssatz, die Grüße und die Unterschrift.

Steckbrief schreiben

1. Welchen Beruf findest du besonders interessant?
   Erstelle einen Steckbrief und male ein typisches Bild dazu.

Beruf:

_____

Aufgaben:

_____

_____

_____

_____

Arbeitsort:

_____

_____

_____

Ausbildung:

_____

_____

Empfohlener Schulabschluss:

_____

_____

2. Warum findest du diesen Beruf besonders interessant? Begründe.

_____

_____

_____

Satzglieder kennenlernen

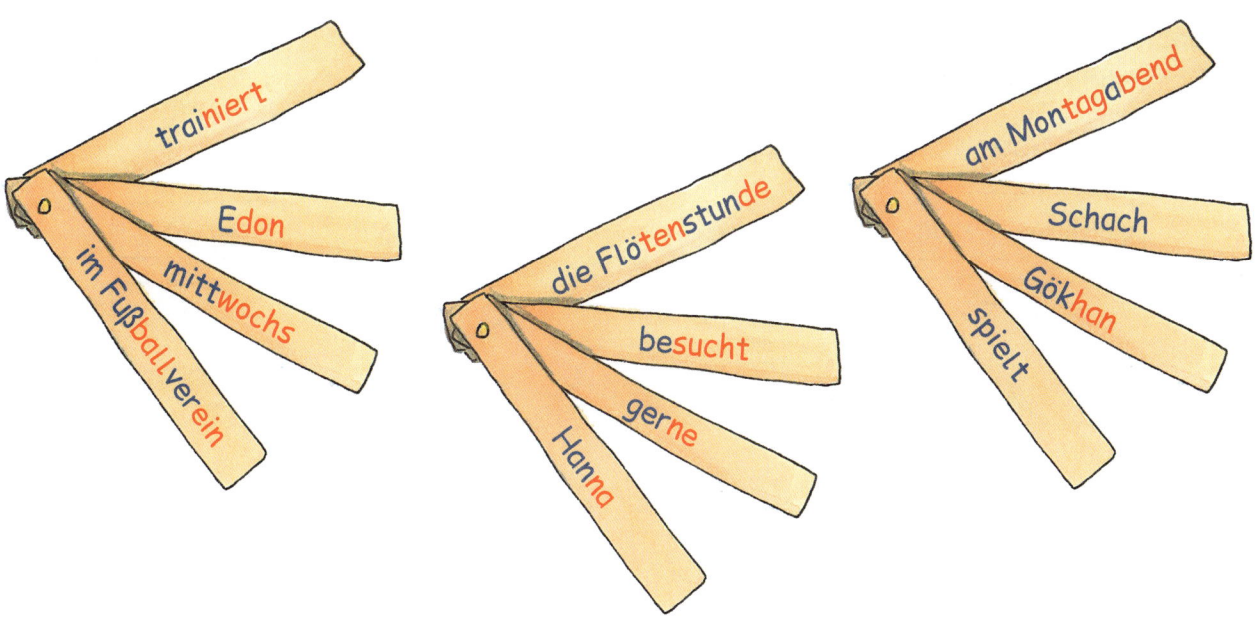

1. Bilde mit jedem Satzgliederfächer drei Aussagesätze.

2. Bilde mit jedem Satzgliederfächer einen Fragesatz. Achte auf das Fragezeichen.
   Trainiert Edon…?

3. Vergleicht eure Lösungen.

Sätze bestehen aus Satzgliedern.
Das Prädikat ist das wichtigste Satzglied.

1. Um welche Satzart handelt es sich? Verbinde.

Geht Malte zum Training?	Aufforderungssatz
Geh zum Training, Malte!	Aussagesatz
Malte geht zum Training.	Fragesatz

2. Wo steht das Prädikat? Kreise es grün ein.

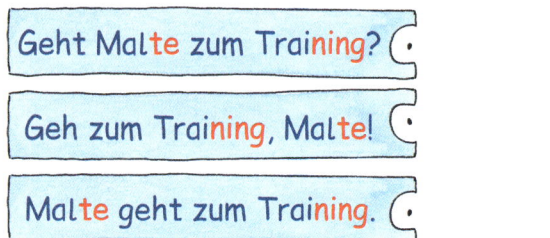 3. Vergleiche die Ergebnisse mit einem Partner.

4. Bilde mit den Wörtern jeweils einen Aussagesatz, einen Fragesatz und einen
Aufforderungssatz. Kreise die Prädikate ein.

den Ball   Max   werfen   zu Edon

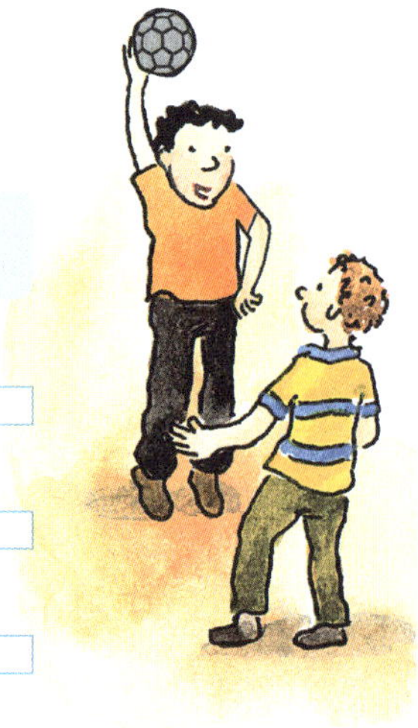

Edon   zum Tor   mit dem Ball   laufen

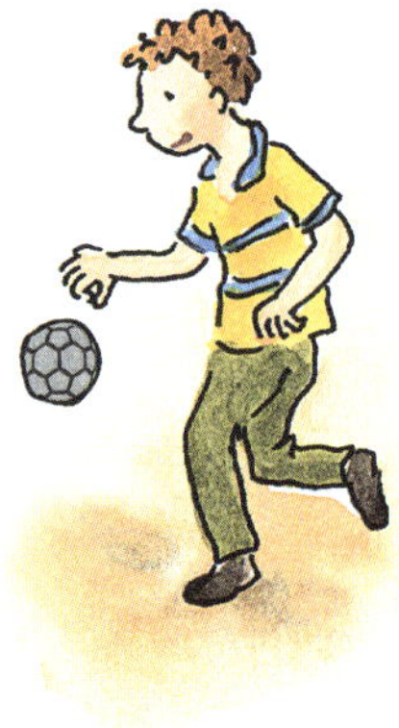

von Edon   halten   Julia   Schuss

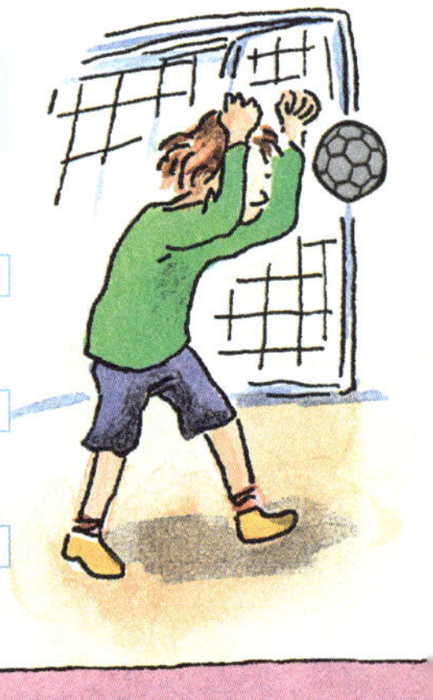

Stummes h: Das silbentrennende h

 **S. 65**

Das silbentrennende h und das Dehnungs-h werden nicht gesprochen.
Sie erfüllen unterschiedliche Funktionen.

 1. Ich: Ordne die Verben richtig zu und trage sie in die Häuschen ein.

| fahren | gehen | wehen | drehen | nehmen | wohnen |

silbentrennendes h **Dehnungs-h**

Du: Vergleiche die Ergebnisse mit einem Partner.
Wo steht jeweils das h? Ergänzt die Sätze.

Das silbentrennende h belegt den ersten Platz in der [_____].

Es [_____] die Selbstlaute, die zu verschiedenen Silben gehören.

Das Dehnungs-h steht im [_____].

Die Wortstämme dieser Verben enden auf l, m, n, r.

Wir: Stellt eure Ergebnisse in der Gruppe oder in der Klasse vor.

9

9

Stummes h: Silbentrennendes h, Dehnungs-h 39

Schutz vor Einbruch

Einbrüche in Wohnungen und Häuser geschehen immer wieder – sehr oft auch tagsüber. Schon mit einfachen Maßnahmen kann der Schutz wesentlich verbessert werden. Die Polizei bietet Informationen und Beratung rund um das Thema Sicherheit.

Unfall in der Helfergasse

Gestern kam es in der Helfergasse zu einem Zusammenstoß zwischen einem Pkw und einem Lieferwagen mit hohem Sachschaden. Die Polizei war rasch zur Stelle und nahm den Unfallhergang auf. Sie sicherte auch die Unfallstelle und regelte den Verkehr. Zum Glück gab es keine Verletzten.

Mittelstadt gegen Frankenberg

Am Samstag fand ein Freundschaftsspiel der Mannschaften aus Mittelstadt und Frankenberg statt. Aus beiden Städten waren viele Fans gekommen, um ihre Mannschaft anzufeuern. Die Polizei sorgte für Ordnung auf den Zufahrtswegen und vor dem Stadion. Alles verlief friedlich und Mittelstadt gewann 1 : 0.

1. Lies die Texte. Welcher Beruf ist dargestellt? _____

2. Unterstreiche in den Zeitungsausschnitten die genannten Aufgaben.

3. Schreibe die Aufgaben auf.

_____

_____

_____

_____

_____

_____

_____

Sachtexte planen und schreiben

Aufgaben der Polizei

Die Polizei ist zuständig für die öffentliche Sicherheit und Ordnung. Daraus ergeben sich viele verschiedene Aufgaben: Sie überwacht zum Beispiel den Straßenverkehr. Bei großen Veranstaltungen wie Demonstrationen, Sportereignissen oder Konzerten sorgt sie für die Sicherheit. Sie berät außerdem die Bürger, wie sie sich vor Betrug und Verbrechen schützen können, und sie ermittelt Verdächtige und verfolgt Straftäter.

Ausrüstung eines Polizeibeamten

Es ist toll, was Polizisten alles dabei haben. Jede Polizistin und jeder Polizist hat eine Pistole, Handschellen, Handschuhe und Pfefferspray dabei. Manches habe ich aber auch im Auto gesehen. Im Auto oder Motorrad haben die Polizistinnen und Polizisten noch weitere Ausrüstungsgegenstände: einen Schlagstock, einen Schutzhelm, eine Schutzweste, eine Taschenlampe, ein Funkgerät und eine Polizeikelle. Die darf natürlich nicht fehlen! Damit kann Autofahrern signalisiert werden, dass sie anhalten sollen. Das ist schon spannend.

1. Welcher Text ist kein Sachtext? Streiche durch, was nicht in einen Sachtext gehört.

2. Schreibe diesen Text als Sachtext.

Prädikat und Subjekt

1. Kreise das Prädikat (grün) ein.
   Schreibe die Frage nach dem Subjekt in die Schreibzeile
   und unterstreiche das Subjekt gelb.

Alexander Graham Bell (baute) das erste Telefon.

_____

Den zusammenlegbaren Fallschirm erfand Käthe Paulus.

_____

Louis Braille erfand die Brailleschrift.

_____

Carl Benz entwickelte das erste Auto.

_____

Den Scheibenwischer erfand Mary Anderson.

_____

Den ersten Kühlschrank entwarf Carl von Linde.

_____

2. Schreibe die Sätze richtig. Kreise das Prädikat (grün) ein und unterstreiche das Subjekt gelb.

online. Jana geht

_____

startet den Internet-Browser. Sie

_____

tippt Sie die Adresse der Suchmaschine ein.

_____

Sie das Stichwort in das Suchfeld ein. trägt

_____

1. Finde auf den Wegen Sätze und schreibe sie auf.
   Kreise das Prädikat (grün) ein und unterstreiche das Subjekt gelb.

   Johannes Gutenberg (erfand) …

	den Buchdruck	mit beweglichen Lettern
Johannes Gutenberg **erfand**	eine ölhaltige Tinte	zum Schreiben
	einen Baukasten	für Kinder
Artur Fischer **entwickelte**	ein Blitzlichtgerät	für Fotoapparate
Leonardo da Vinci **entwarf**	eine Luftschraube	als Fluggerät
	einen Panzerwagen	zur Kriegsführung

_____

_____

_____

_____

_____

_____

_____

_____

_____

2. Informiere dich über weitere Erfinderinnen und Erfinder. Schreibe Sätze in dein Heft und markiere Prädikat und Subjekt wie in Aufgabe 1.

Adjektive – Vergleichsstufen

1. Welches Adjektiv passt?
   Male die Kreise entsprechend an: ● hoch ● schnell ● alt

Kolosseum 70 n. Chr.

Licht 300 000 km/s

Eiffelturm 300 m

Burj Khalifa 830 m

Rakete 8 km/s

Atomium 1956

Freiheitsstatue 1875

Schall 0,333 km/s

Empire State Building 443 m

2. Immer drei Karten gehören zusammen. Schreibe Vergleiche zu zusammengehörenden Karten. Unterstreiche die Vergleichsstufen.

   Die Freiheitsstatue ist <u>älter als</u> … Das Kolosseum ist <u>am ältesten</u>.

Zusammengesetzte Adjektive

1. Immer zwei Puzzleteile ergeben ein zusammengesetztes Adjektiv.
   Schreibe die Adjektive auf: samtweich

weich | breit

müde | leer

klar | dunkel

2. Ergänze die Sätze mit passenden zusammengesetzten Adjektiven aus Aufgabe 1.

Leonardos Findling

In einer _____ Nacht saß Leonardo da Vinci in seinem Atelier.

Er überlegte, wie er die Mona Lisa malen sollte. Bald stand er auf und wanderte

durch die _____ Gassen der Stadt. Plötzlich hörte er ein

klägliches Miauen. Vor einem verlassenen Gebäude blieb er stehen und lauschte.

Er öffnete die Tür _____. Er konnte nichts erkennen, weil es

_____ war.

Auf einmal spürte Leonardo einen _____ Körper an seinem Bein.

Er hob das kleine Tierchen hoch und nahm es mit nach Hause.

_____ legte er sich mit dem Kätzchen auf die Bank

und schlief ein.

ie in der offenen Silbe

1. i oder ie? Schreibe die Wörter in die richtigen Häuschen.

B●ne   S●lber   s●gen   K●ssen   W●se   f●nden

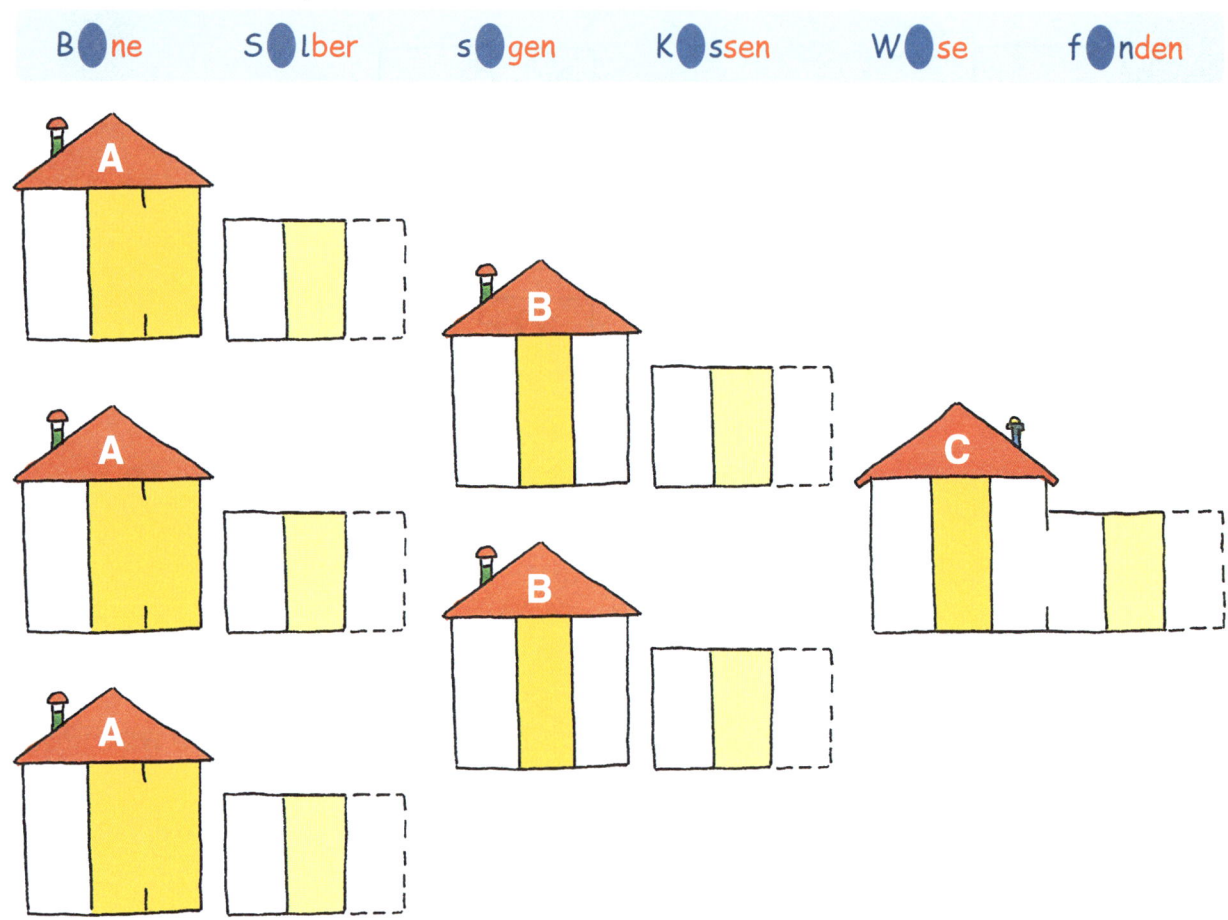

2. Ergänze die Sätze.

Wörter in Häuschen B und C schreiben wir in der ersten Silbe mit ☐.

Wörter im Häuschen A schreiben wir in der ersten Silbe mit ☐.

3. Einsilbige Wörter leiten wir von der zweisilbigen Form ab.
Trage die zweisilbige Form in das Häuschen ein und
schreibe die einsilbige Form darunter.

Br●f   T●r   W●nd

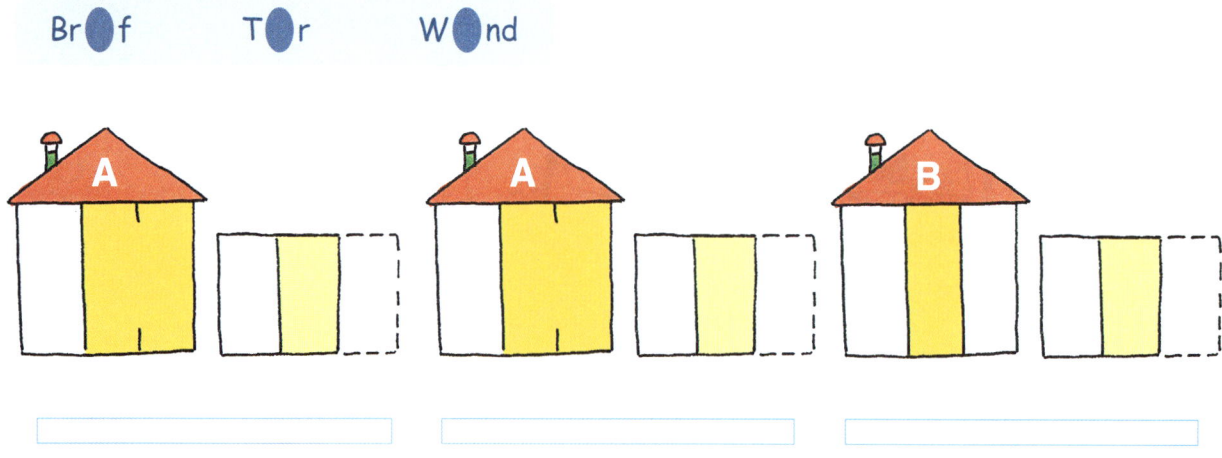

ie in der offenen Silbe

S. 76, 77

1. Schreibe die Verben in die Häuschen. Wie lautet der Wortstamm?

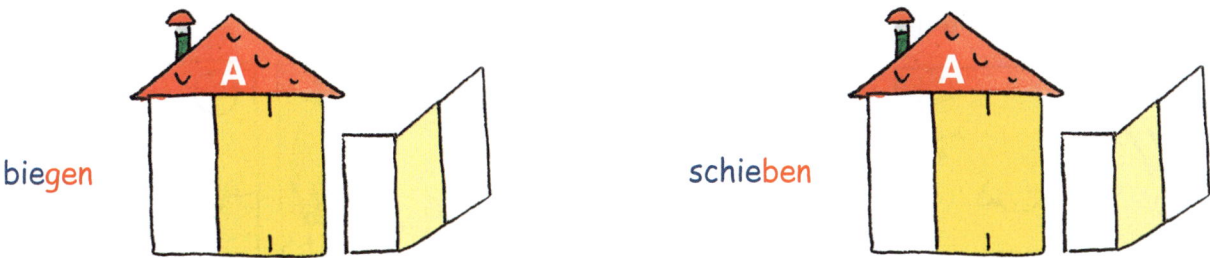

biegen   schieben

2. Bilde mit den Wortstämmen aus Aufgabe 1 je eine Wortfamilie.
Die Vor- und Nachsilben können dir helfen.

ab-	ver-	um-	zusammen- ...	-ung	-bar	-er ...

Wortstamm [   ] :

Wortstamm [   ] :

3. Setze i oder ie in die Lücken im Text ein.

Sechs Punkte für die Musik

Louis Braille war nicht nur der Erf___nder der Bl___ndenschrift,

sondern er erfand auch die Notenschr___ft für bl___nde und

sehbeh___nderte Menschen. Allerd___ngs muss ein Musiker die

Noten eines Musikstückes schr___ttweise auswendig lernen und

dann aus dem Kopf sp___len. Sänger haben die Möglichkeit, die

Braille-Noten mit den F___ngern zu lesen und gleichzeitig zu s___ngen.

4. Schreibe den Text in dein Heft.

1. Wie verhalten sich die Personen auf den Bildern? Betrachte die Bilder genau.

2. Ordne jedem Bild die passende Redewendung zu.

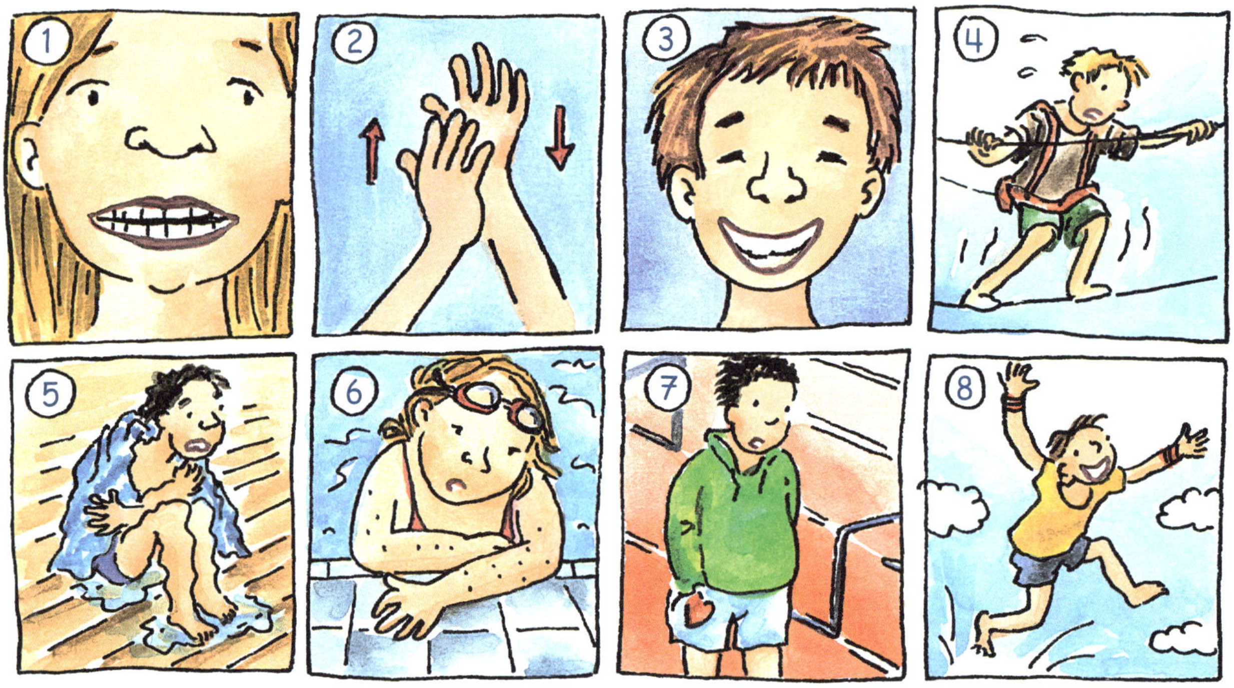

①	②	③	④
⑤	⑥	⑦	⑧

○ über das ganze Gesicht strahlen

○ am ganzen Leib zittern

○ Blut und Wasser schwitzen

○ vor Freude in die Luft springen

○ sich die Hände reiben

○ das Herz rutscht in die Hose

○ eine Gänsehaut bekommen

○ mit den Zähnen klappern

3. Was bedeuten die Redewendungen? Trage sie in die Tabelle ein.

Freude	Angst

Wortfeld „sehen"

Das Wort „sehen" kann durch viele treffende Verben ersetzt werden.

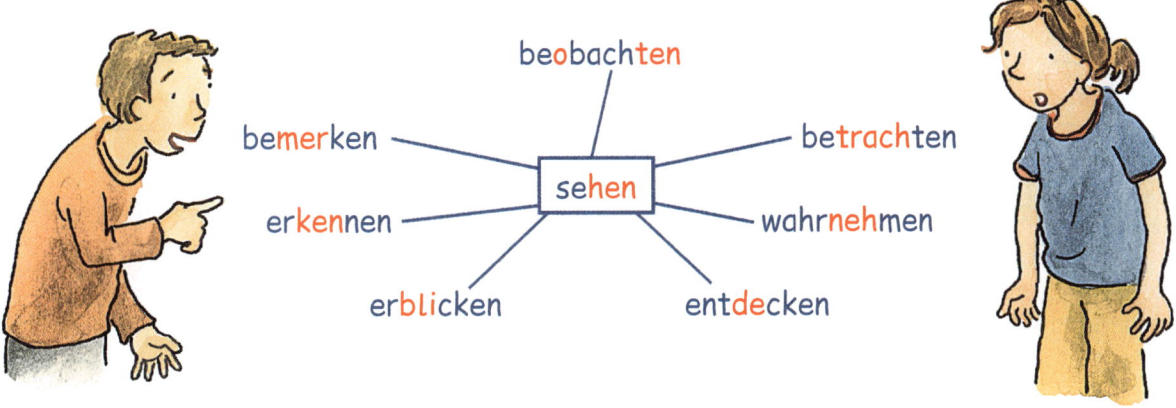

beobachten

bemerken — betrachten

sehen

erkennen — wahrnehmen

erblicken — entdecken

1. Füge in den Sätzen ein passendes Wort aus dem Wortfeld „sehen" ein.
   Verwende jedes Wort nur einmal. Schreibe in der schriftlichen Vergangenheit.

Laura und Jan im Labor von Professor Irrwisch

Im Labor _____ Laura und Jan geheimnisvolle Röhrchen

und Flaschen.

Die Kinder _____ eine Flasche, die auf einem Kocher stand.

Gespannt _____ sie, was mit der Flüssigkeit darin geschah.

Auf einmal _____ sie, dass die Flüssigkeit überkochte.

In diesem Moment _____ sie _____, dass sich

der Raum mit Qualm füllte.

Da _____ sie in einem Winkel des Raumes eine Treppe.

Aber sie konnten nicht _____, wohin sie führte. Plötzlich gab es

einen lauten Knall und die Kinder waren wieder zu Hause in ihrem Zimmer.

2. Lest den Text vor. Passen die eingesetzten Wörter? Besprecht euch.

1. Immer drei Kärtchen gehören zusammen. Färbe sie in derselben Farbe.

| er sah | wir gehen | ich ziehe | er ist gewesen | du hast geschrieben |

| ich zog | er hat gesehen | er ist | wir gingen | du schreibst |

| wir sind gegangen | er war | ich habe gezogen | du schriebst | er sieht |

2. Trage die Verben von Aufgabe 1 in die Tabelle ein.

Gegenwart	schriftliche Vergangenheit	gesprochene Vergangenheit

3. Lukas erzählt von seinen Ferien in den Bergen.
   Ergänze die Sätze mit Verbformen in der gesprochenen Vergangenheit.

fahren   wandern   sehen   überraschen   suchen

„In den Ferien _____ wir in die Alpen _____.

Jeden Tag _____ wir in den Bergen _____.

Ich _____ sogar ein Edelweiß _____.

Eines Tages _____ uns ein heftiges Gewitter _____.

Wir _____ schnell Schutz in einer Hütte _____.“

Gesprochene Vergangenheit

Als Malte wieder zu Hause ist, erzählt er seinem Freund
von der Seehundaufzuchtstation:

In der Seehundaufzuchtstation haben wir einen kleinen Seehund gesehen.

Was haben die Tierpfleger mit ihm gemacht?

Sie haben ihn in ein besonderes Schwimmbecken gebracht und sie haben ihn mit Milch gefüttert.

Hat er zugenommen?

Ja, er ist schwerer und größer geworden.

Haben die Tierpfleger in der Station nur dieses Seehundbaby versorgt?

Nein, sie haben dort noch sieben weitere Seehundbabys gepflegt.

1. Unterstreiche die Verben in der gesprochenen Vergangenheit.

2. Trage die Verben in die Tabelle ein und ergänze die Gegenwart und
die schriftliche Vergangenheit.

Gegenwart	schriftliche Vergangenheit	gesprochene Vergangenheit

Fremdwörter auf -ieren

1. Markiere sechs weitere Nomen.

K	O	M	B	I	N	A	T	I	O	N	F	G	W	I	L
O	B	R	O	K	V	D	I	R	I	G	E	N	T	N	Z
N	D	A	B	A	C	D	K	N	Q	T	D	W	U	A	D
T	R	P	E	F	M	I	V	A	M	U	E	N	I	S	T
R	E	P	A	R	A	T	U	R	P	H	T	E	R	V	K
O	S	L	M	I	R	K	R	U	N	W	S	B	U	N	Y
L	S	A	A	S	S	O	P	E	R	A	T	I	O	N	I
L	U	U	G	U	C	N	H	K	E	R	I	K	T	C	H
E	R	S	F	R	H	G	A	L	O	P	P	M	B	A	E

2. Schreibe die Nomen zur richtigen Bedeutung. Schreibe das Verb dazu.

Ein geplanter Spielzug im Sport: die Kombination   kombinieren

Ein geplanter
Spielzug im Sport: die _ _ _ _ _ _ _ _ _ _ _

Beifall: der _ _ _ _ _ _ _

Gangart eines Pferdes: der _ _ _ _ _ _

Eine Überprüfung: die _ _ _ _ _ _ _ _ _

Ein ärztlicher Eingriff
unter Narkose: die _ _ _ _ _ _ _ _ _

Haartracht: die _ _ _ _ _ _

Schnelles Gehen
im Gleichschritt: der _ _ _ _ _ _

Training mit einem Tier: die _ _ _ _ _ _ _ _

Leiter eines Orchesters: der _ _ _ _ _ _ _ _

Behebung eines
Schadens: die _ _ _ _ _ _ _ _ _ _

Fledermaus-Projekt

Fledermäuse haben bei uns zwei Wohnungen. Sie bevorzugen hohle Baumstämme, Dachböden oder Glockentürme als Sommerwohnung. Dort bringen sie ihre Jungen zur Welt. In Kellergewölben oder Burgruinen finden Fledermäuse ihre Winterwohnung. Dort halten sie ihren Winterschlaf.

1. Finde die zusammengesetzten Nomen und unterstreiche sie.

2. Schreibe die Nomen mit Artikel auf. Schreibe so: der Baumstamm der Baum der Stamm

Fledermäuse sind nützliche Tiere. Sie fressen lästige Mücken und schädliche Käfer. In einer Nacht kann eine große Fledermaus bis zu 5000 Mücken fressen. Damit hilft die fleißige Fledermaus auch in der Land- und Forstwirtschaft. Einige Fledermausarten fressen junge Pflanzensamen und helfen dadurch mit, die Samen zu verbreiten und sogar Wälder wieder aufzubauen.

3. Finde alle Adjektive und unterstreiche sie.

4. Schreibe die Adjektive mit den Vergleichsstufen auf: nützlich nützlicher am nützlichsten

Fledermaus-Projekt

S. 90–93

Die Zwergfledermaus

Die Zwergfledermaus ist eine der kleinsten Fledermausarten.
Sie kommt in Europa sehr häufig vor.

Die Zwergfledermaus wird bis zu 4,5 cm groß.
Sie wiegt 3,5 g bis 7 g.

Das Fell ist am Rücken rotbraun.
Am Bauch ist es gelbbraun.

Die Zwergfledermaus frisst kleine Insekten.
Sie jagt diese an Gewässern oder am Waldrand.

Zwergfledermausweibchen schlafen in Gruppen.
Zwergfledermausmännchen schlafen einzeln.

1. Verbinde immer zwei Sätze mit „und".

2. Unterstreiche in den Sätzen die Prädikate grün und die Subjekte gelb.

Fledermäuse leben auf allen Kontinenten der Erde.
Die Menschen wissen über Fledermäuse noch sehr wenig.
Wissenschaftler erforschen deshalb die Fledermäuse.
Fledermäuse fressen Insekten und Samen.
Eulen, Marder und Käuze jagen Fledermäuse.
Fledermausfreunde bauen Schlafplätze für die Fledermäuse.

Eine Bastelanleitung verstehen und umsetzen  S. 90 – 93

1. Lies die Bastelanleitung durch und betrachte die Bilder.

2. Bastle selbst Fledermäuse. Du kannst sie kopfüber an einen Ast hängen.

Bastelanleitung für eine Fledermaus

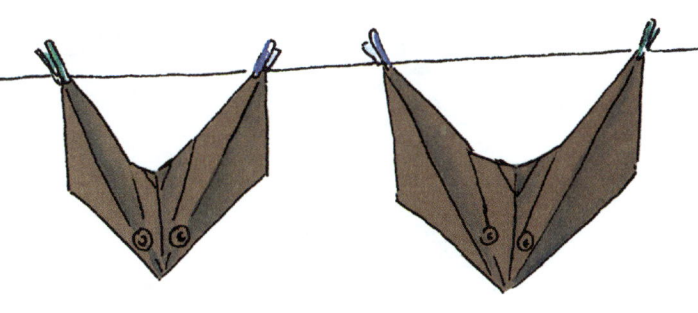

Du benötigst:
- *schwarze und braune Papierquadrate (Seitenlänge: ca. 15 cm)*
- *kleine Perlen für die Augen*
- *Klebstoff*

Lege zuerst das Quadrat vor dich.	Falte eine Ecke auf die gegenüberliegende Ecke.	Falte dann die senkrechte Mittellinie.

Knicke den unteren Rand so nach oben, dass eine Spitze von ca. 3 cm herausschaut.	Biege jetzt die Spitze um.	Falte nun die rechte Seite hinter die linke Seite.

Biege anschließend die Flügel senkrecht nach oben.	Schlage darauf die Flügel zur Hälfte nach hinten um.	Klebe zum Schluss noch die Perlen als Augen auf.

Material
- eine leere, saubere Weißblechdose
- Schilf (gibt es als Matte im Baumarkt)
- Schnur oder Draht

Werkzeug
- große, stabile Schere
- Hammer
- großer Nagel

Kurzanleitung

○ In   *mit Hammer und Nagel einige Löcher in den Boden der Dose* ⬚

○ ten   *Schilf mit der Schere auf die Länge der Dose* ⬚

○ tel   *mit der Schnur* ⬚

○ ho   *Schnur um die Dose* ⬚ *, wie auf der Zeichnung*

○ sek   *Schilf in Bündeln in die Dose* ⬚ *, bis sie ganz voll ist*

---

1. Trage die Verben passend ein.

| schlagen | binden | stecken |
| abschneiden | aufhängen |

2. Nummeriere die 5 Arbeitsschritte in der richtigen Reihenfolge.
   In dieser Reihenfolge ergeben die Silben das Lösungswort:

▢ ▢ ▢ ▢ ▢   ⬚

Eine Bauanleitung schreiben

 S. 92, 93

1. Schreibe eine ausführliche Anleitung.

- Finde eine passende Überschrift.
- Führe das Material und die Werkzeuge auf.
- Bilde mithilfe der 5 Arbeitsschritte vollständige Sätze. Ergänze ein Subjekt und achte auf die Personalform in der Gegenwart.
- Achte auf die Satzanfänge: zuerst, dann, danach … zum Schluss.
- Verwende treffende Adjektive, Verben und Nomen.

Einen Text lesen und erschließen

S. 97

Der Teichmolch

Die Teichmolche gehören zur Familie der Molche.
Sie sind schlank und haben einen Schwanz, der seitlich
zusammengedrückt ist. Sie werden 9,5 bis 11 cm lang. Über
den Kopf verlaufen fünf bis sieben dunkle Streifen. Sie können
bis zu 10 Jahre alt werden.

Teichmolche sind wechselwarme Tiere. Ihre Körpertemperatur hängt
von der Temperatur der Umgebung ab. Ist es kalt, sind sie steif, ist es
warm, steigt ihre Körpertemperatur und sie bewegen sich wieder.

Teichmolche leben fast in ganz Europa. Sie mögen sonnige Gewässer mit vielen
Wasserpflanzen. Sie halten sich am liebsten in den oberen, von der Sonne er-
wärmten Schichten eines Teiches auf. Teichmolche haben viele Feinde: Fische und
Vögel wie Störche und Reiher. Auch größere Molcharten fressen Teichmolche und
ihre Larven.

Von Herbst bis Frühjahr leben die Teichmolche an Land. Im Frühjahr wandern sie
in Teiche und Tümpel und pflanzen sich fort.

Das Weibchen legt über mehrere Wochen bis zu
300 Eier im Wasser ab. Nach drei bis fünf Wochen
schlüpfen die Molchlarven. Teichmolche fressen an
Land Würmer, Schnecken und kleine Insekten. Im Wasser
ernähren sie sich von Wasserflöhen und kleinen Krebsen. Sie
gehören zu den geschützten Arten. Deshalb darf man sie nicht
fangen und mitnehmen.

1. Unterstreiche die Informationen zu den Stichwörtern
   in den angegebenen Farben.

     ● Alter   ● Entwicklung   ● Feinde

     ● Aussehen   ● Lebensraum   ● Nahrung

     ● Besonderheiten

Einen Steckbrief schreiben

1. Schreibe einen Steckbrief zum Teichmolch.
   Verwende dazu die Informationen zu den Stichwörtern.

Aussehen:

Alter:

Lebensraum:

Nahrung:

Feinde:

Entwicklung:

Besonderheiten:

Mauersegler

Alter: 10 Jahre
Länge: 20 cm
Gewicht: 40 g
Maximale Fluggeschwin-
digkeit: 200 km/h

Wanderfalke

Alter: 18 Jahre
Länge: 40 cm
Gewicht: 1 kg
Maximale Fluggeschwin-
digkeit: 300 km/h

Ringeltaube

Alter: 15 Jahre
Länge: 40 cm
Gewicht: 500 g
Maximale Fluggeschwin-
digkeit: 160 km/h

Strauß

Alter: 70 Jahre
Länge: 3 m
Gewicht: 100 kg
Maximale Fluggeschwin-
digkeit: 72 km/h

Wanderalbatros

Alter: 50 Jahre
Länge: 120 cm
Gewicht: 8 kg
Maximale Fluggeschwin-
digkeit: 56 km/h

Gänsegeier

Alter: 35 Jahre
Länge: 105 cm
Gewicht: 5 kg
Maximale Fluggeschwin-
digkeit: 120 km/h

1. Trage die Vogelnamen in die Tabelle ein und ergänze.

Name	Alter Jahre	Länge cm	Gewicht kg	Geschwindigkeit km/h

2. Formuliere Fragen und Antworten zu den Angaben in der Tabelle.

Zusammengesetzte Nomen

S. 99

1. Immer zwei Nomen ergeben einen Vogelnamen. Schreibe die Namen auf.

?-Adler

?-Bussard

?-Falke

_____

?-König

?-Stelze

?-Vogel

_____

Bach	Fisch	Turm	Eis	Zaun	Mäuse

2. Die Vogelnamen sind immer aus einem Verb und einem Nomen zusammengesetzt. Schreibe auf.

singen   Drossel

schnattern   Ente

turteln   Taube

_____

3. Finde weitere zusammengesetzte Vogelnamen und schreibe sie in dein Heft.

Wörter mit ß

1. Immer drei Wörter reimen sich. Färbe die entsprechenden Kärtchen in derselben Farbe.

| grüßen | Fuß | gießen | Kloß | büßen | fließen |

| Ruß | versüßen | Stoß | sprießen | Gruß | Floß |

2. Schreibe die Reimwörter auf.
   grüßen – büßen – …

3. Bilde Adjektive mit der Endung -ig.

Fleiß _____   Maß _____

Spaß _____   Ruß _____

4. Wie heißen die Nomen? Schreibe sie mit dem bestimmten Artikel auf.

stoßen _____   aufspießen _____

grüßen _____   büßen _____

5. Bilde zusammengesetzte Nomen und schreibe sie mit dem bestimmten Artikel auf.

Straße

- Rand _____
- Karte _____
- Bahn _____
- Verkehr _____

Wörter mit doppeltem Selbstlaut

1. Löse das Rätsel und trage die Wörter mit doppeltem Selbstlaut in die Kästchen ein.

ein Wasserfahrzeug

Sumpfland

Tiergarten

ein großes Gewässer

Teil des Gartens

eine Gestalt im Märchen

ein Einfall

zwei zusammengehörende Personen oder Dinge

ein Heißgetränk

Niederschlag im Winter

2. Die markierten Kästchen ergeben das Lösungswort.

Lösungssatz:

_____ schmecken lecker.

3. Immer zwei Wörter reimen sich.
Färbe die entsprechenden Kärtchen in derselben Farbe.
Schreibe die Reimpaare auf.

Teer   Paar   Saat   Klee

Staat   See   Speer   Haar

Eine Reizwortgeschichte planen

 S. 102, 103

1. Finde jeweils Begriffe zu den Reizwörtern.

A   Waldweg    Gebüsch    Glasflasche

B   Waldhütte   Regen   Hund

2. Wähle die Reizwörter von A oder B für eine Geschichte aus.

3. Notiere dir zu jeder Gedankenblase die passenden Informationen.

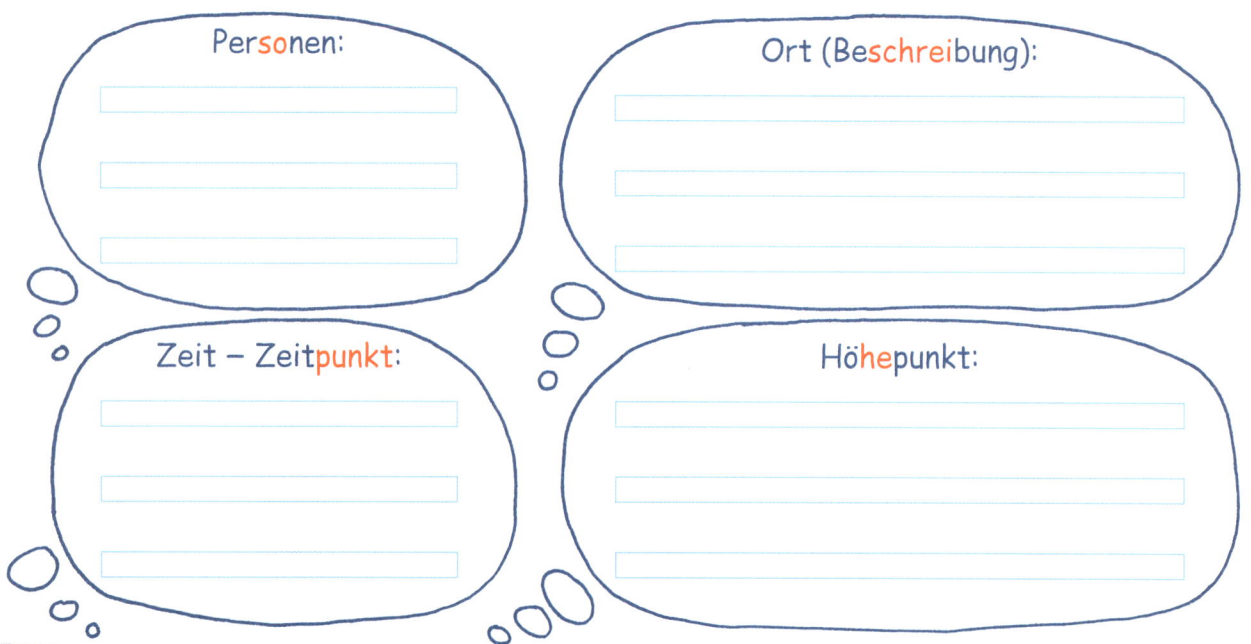

Personen:

Ort (Beschreibung):

Zeit – Zeitpunkt:

Höhepunkt:

4. Schreibe die Geschichte in Stichworten auf. Im Kasten findest du ein Beispiel für B.

- Anne und Mario im Wald
- dunkle Wolken ziehen auf
- Waldhütte
- Regen
- Geräusch
- Erschrecken
- nasser Hund in der Ecke
- Hundehalsband mit Telefon-
  nummer
- Sonne kommt heraus
- zurück nach Hause mit Hund
- Hundebesitzer anrufen

5. Finde passende Adjektive zu den Nomen in deiner Geschichte.
   Zum Nomen „Nachmittag" passen z.B. die Adjektive „sonnig", „warm" oder „freundlich".
   Die Adjektive im Kasten helfen dir dabei.
   Schreibe deine Nomen und die passenden Adjektive in die Tabelle.

Nomen	Adjektive

unheimlich
schrecklich
geheimnisvoll
fröhlich   dunkel
zugewachsen
tropfnass   staubig
verwinkelt
düster   freundlich
fürchterlich
furchterregend
mutig   seltsam
hell   erschrocken
ängstlich   traurig
erleichtert

6. Schreibe deine Geschichte in das Heft.
   Denke an die wörtliche Rede.

Satzglied – Ortsangabe

Der Kaiser saß in der Ehrenloge.

In der Ehrenloge saß der Kaiser.

Saß der Kaiser in der Ehrenloge?

1. Auf welchem Streifen des Satzgliederfächers steht die Ortsangabe?
Unterstreiche lila.

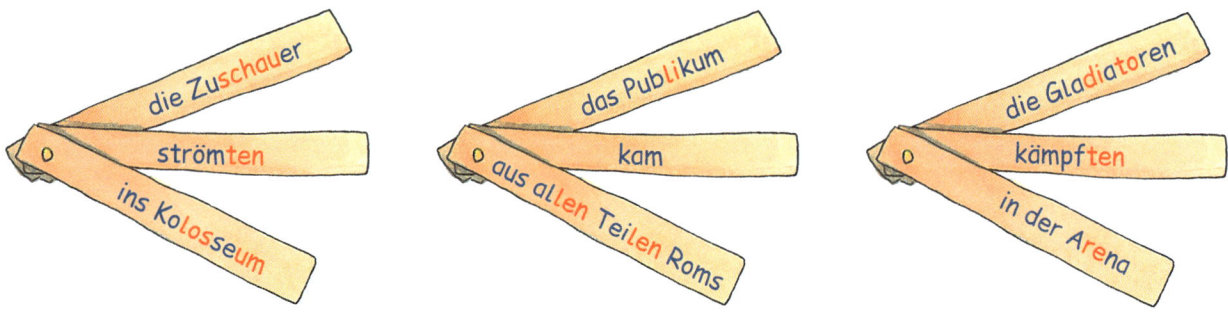

2. Bilde jeweils drei Sätze und schreibe sie zum passenden Fragewort.

Wo?

Wohin?

Woher?

3. Stelle selbst einen Satzgliederfächer her (siehe Sprachbuch Seite 62 Nr. 3).
Schreibe die Satzglieder eines Satzes mit Ortsangabe darauf.

4. Tausche den Satzgliederfächer mit einem Partner aus und schreibe
die 3 Sätze in dein Heft. Unterstreiche die Ortsangabe lila.

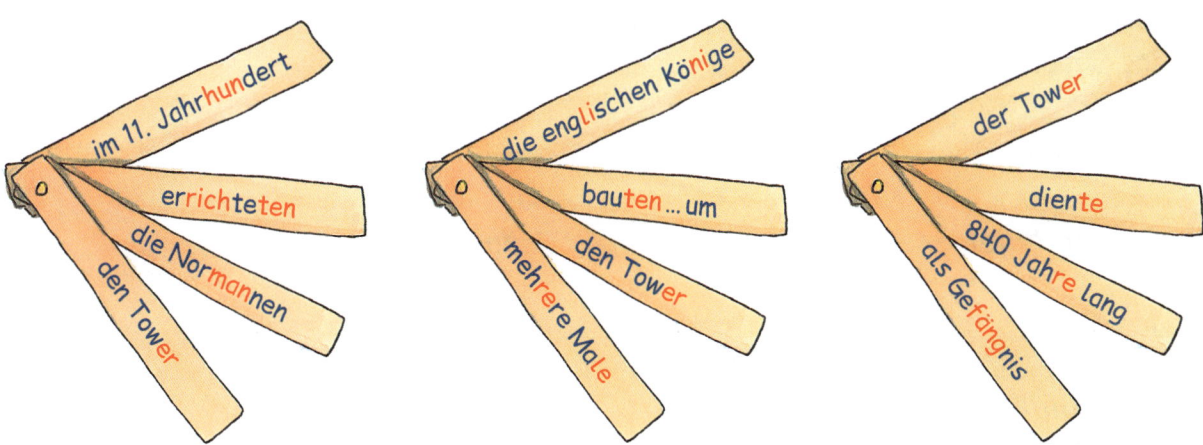

im 11. Jahrhundert
errichteten
die Normannen
den Tower

die englischen Könige
bauten... um
den Tower
mehrere Male

der Tower
diente
840 Jahre lang
als Gefängnis

1. **Bilde jeweils drei Sätze und schreibe sie zum passenden Fragewort.
Unterstreiche die Zeitangabe lila.**

Wann?

Wie oft?

Wie lange?

1. Leite jedes Nomen von einem Verb mit a oder au ab.
   das Gepäck   packen

das Gepäck		der Läufer	
der Verkäufer		das Rätsel	
das Geräusch		der Bäcker	
der Händler		der Jäger	

2. Leite jedes Nomen von einem Adjektiv mit a oder au ab. Ergänze das Lückenwort.
   die Wärme   warm

die W▢rme		die K▢lte	
die St▢rke		die Schw▢che	
die Sch▢rfe		die Gl▢tte	
die Fl▢che		die Aufkl▢rung	

3. e oder ä, eu oder äu?
   Überlege und setze die fehlenden Buchstaben ein.

Hanna in Venedig

Hanna genoss es, in der Gondel durch die Kan▢le zu fahren. Der Gondoliere

erz▢hlte während der Fahrt von den vielen Kaufl▢ten, die Venedig in

früheren Zeiten reich und m▢chtig gemacht hatten. Sie bewunderte die

Pal▢ste. Sie konnte sich gut vorstellen, welche Bed▢tung

Venedig gehabt hatte.

Wörter mit i

1. Bilde Wörter mit der Endung -ine und schreibe sie auf, z. B. Vitamine.

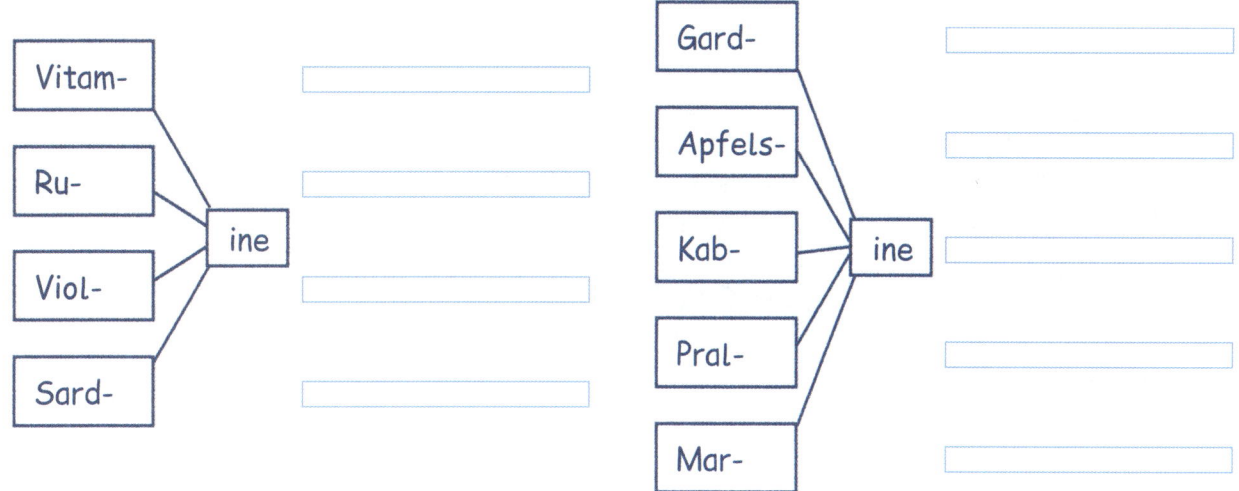

Vitam-
Ru-
Viol-
Sard-
→ ine

Gard-
Apfels-
Kab-
Pral-
Mar-
→ ine

2. Trage die Wörter aus Aufgabe 1 passend in das Rätsel ein.

Seestreitkräfte

feine Süßigkeit aus Schokolade

Umkleideraum

durchscheinender Vorhang

Heringsfisch

verfallenes Gebäude

lebensnotwendige Stoffe in der Nahrung

orangefarbene Zitrusfrucht

Streichinstrument

3. Die markierten Kästchen ergeben das Lösungswort.

Lösungssatz: Sir Abraham Hume brachte die _____
im Jahr 1805 aus China nach England.

Ein Programm lesen und verstehen

S. 112

Malte und Julia waren mit den Pfadfindern im Zeltlager.
Sie bringen ihren Zeitplan mit nach Hause.

1. Schreibe die Nomen aus dem Zelt in den Zeitplan.

Bau
Fahrt
Abbau
Aufbau
Erzählungen
Einrichtung   Einteilung
Heimreise   Vorbereitung
Abschluss   Ankunft
Wettfahrt

Zeitplan Zeltlager

Freitag:
14 Uhr [   ] am Lagerplatz

15 Uhr [   ] der Zelte

16 Uhr [   ] von Kochstelle und Lagerfeuer

dann: [   ] der Dienste

18 Uhr Abendessen und Spülen

19 Uhr Lagerfeuer

Samstag:
9 Uhr [   ] zum Wildpark

12 Uhr [   ] des Spielenachmittags

13 Uhr Mittagessen

14 Uhr Spielenachmittag

17 Uhr [   ] der Holzschiffchen

18 Uhr Abendessen und spielen

19 Uhr [   ] am Lagerfeuer

Sonntag:
9 Uhr [   ] des Lagers

11 Uhr [   ] der Schiffe

13 Uhr Mittagessen

14 Uhr Gemeinsamer [   ]

15 Uhr [   ]

Medien

 S. 116

1. Vergleiche die Medien (grün) und begründe deine Entscheidung wie Lukas und Leni. Im Bildschirm findest du mögliche Sätze (blau).

Man kann Bilder sehen.

Spielekonsole

Ich kann mir Dinge selbst vorstellen.

Handy

Mir fällt lesen leicht.

DVD-Player

Man kann es überall mitnehmen.

Man kann sich selbst aussuchen, was man sehen will.

MP3-Player

Fernseher

Es gibt ein größeres Bild.

Tablet-PC

Telefon

tragbare Spielekonsole

Man braucht kein großes Gerät.

Computer

Man kann viele Dinge damit tun.

Buch

Ein Computer ist interessanter als ein MP3-Player, weil man damit viele Dinge tun kann.

Ein Buch ist am interessantesten, weil ich mir Dinge selbst vorstellen kann.

1. Fülle den Mediensteckbrief über dich aus.

Mein Mediensteckbrief

Name: _____ Alter: _____

Mein Lieblingsfilm: _____

Meine Lieblingsserie: _____

Sendungen, die ich gar nicht gerne sehe:

_____

Filme oder Sendungen, die ich zu Hause nicht sehen darf:

_____

Meistens schaue ich fern mit: (du darfst auch mehrere Kreuze machen)

☐ alleine
☐ mit Geschwistern
☐ mit Vater oder Mutter
☐ mit Freunden
☐ mit anderen Verwandten

Diese Medien nutze ich oft: (du darfst auch mehrere Kreuze machen)

☐ Bücher
☐ Fernseher
☐ Tablet
☐ Computer
☐ CD-Player/MP3-Player
☐ Handy/Smartphone
☐ Sonstiges: Playstation, _____

Diese Medien nutze ich selten oder nie: (du darfst auch mehrere Kreuze machen)

☐ Bücher
☐ Fernseher
☐ Tablet
☐ Computer
☐ CD-Player/MP3-Player
☐ Handy/Smartphone
☐ Sonstiges: _____

2. Stelle einem Partner Fragen zu seinem Mediensteckbrief. Frage zum Beispiel so: Was ist deine Lieblingsserie? Welche Sendungen siehst du nicht so gerne?

3. Stelle deinen Partner anhand seines Mediensteckbriefes der Klasse vor. Julias Lieblingsfilm ist … Sie sieht am liebsten …

Hanna und Malte haben ihre Lieblingssendungen beschrieben.
Dabei haben sie folgende Stichpunkte beachtet:

 ● Titel der Sendung

 ● Art der Sendung

● Wann und wo läuft die Sendung?

● Hauptfiguren

● Handlung

● Die Sendung gefällt mir, weil …

Meine Lieblingssendung heißt Yakari. Sie handelt von einem kleinen Indianerjungen und seinem Pony. Mit seiner Freundin rettet er andere Indianerkinder oder Tiere. Dabei findet er neue Freunde. Die Zeichentrickserie läuft täglich im Kinderkanal. Die Hauptfiguren sind Yakari, sein Pony Fliegende Wolke und seine Freundin Silberner Mond. Mir gefällt die Sendung, weil es um Freundschaft und Hilfsbereitschaft geht und es oft spannend wird.
Malte

Ich sehe mir gerne die Sendung Nashorn, Zebra und Co an. Die Zoosendung kommt mittwochs um 17.50 Uhr im NDR. Tierpfleger berichten über ihre Arbeit im Zoo. Sie zeigen, wie sie die Tiere pflegen und füttern. Wenn die Tiere krank sind, kommt der Tierarzt und hilft. In jeder Sendung werden andere Tiere vorgestellt. Mir gefällt die Sendung, weil ich Tiere mag und später Tierärztin werden möchte. So kann ich jetzt schon viel lernen.
Hanna

---

1. Lies die beiden Texte. Unterstreiche in der jeweils angegebenen Farbe, wo Hanna und Malte die Stichpunkte in ihrem Text beachtet haben.

2. Schreibe einen Text über deine Lieblingssendung. Beachte die Stichpunkte.

1. Wie heißt das Verb, das zu der Wortfamilie gehört? Schreibe es in das Häuschen.

2. Schreibe die er-Form in der Gegenwart und in der schriftlichen Vergangenheit auf.

3. Finde weitere Wörter aus der Wortfamilie und schreibe sie auf.

Se⬤ling

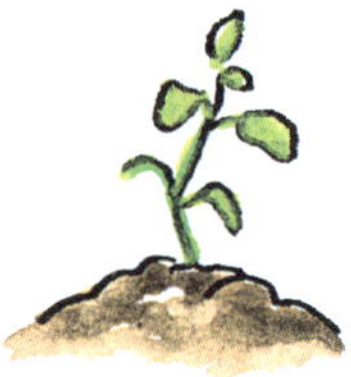

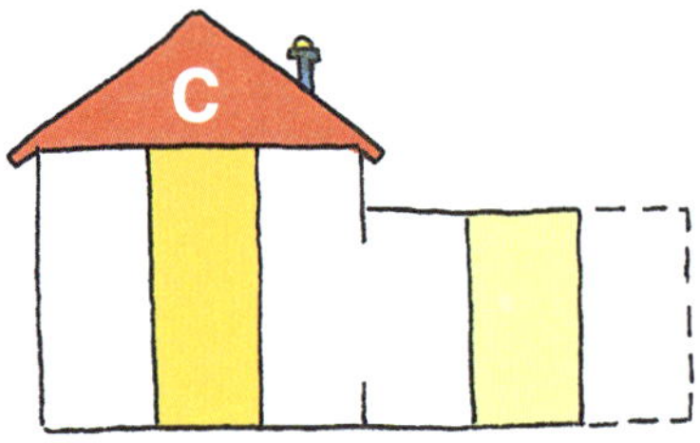

Pla⬤wart

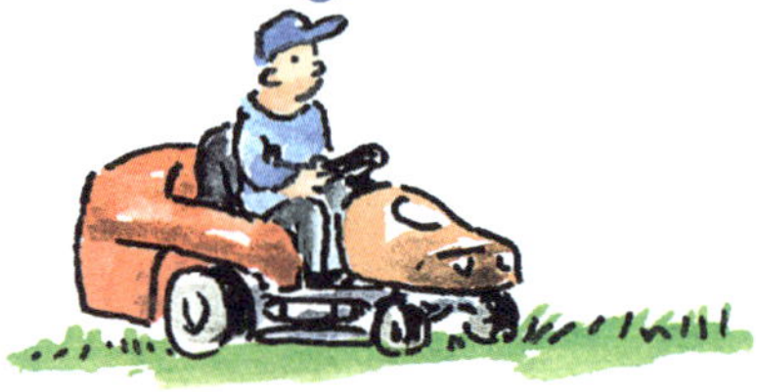

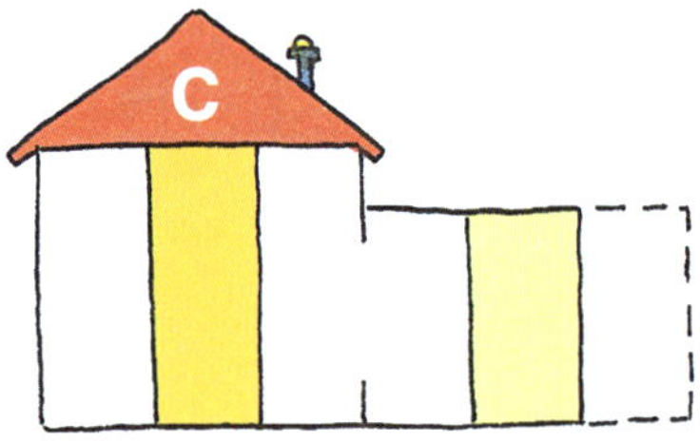

Bli⬤ableiter

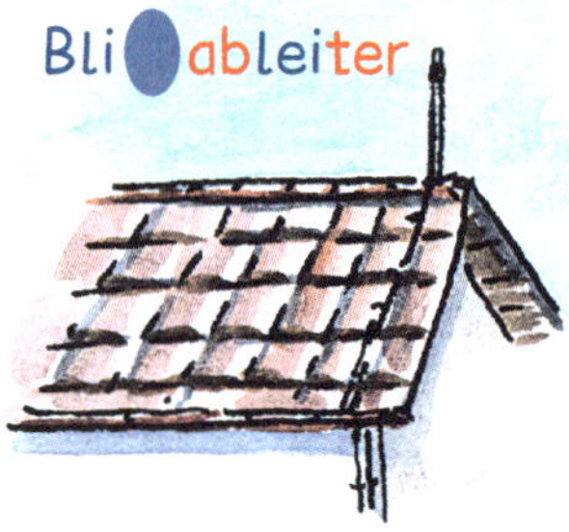

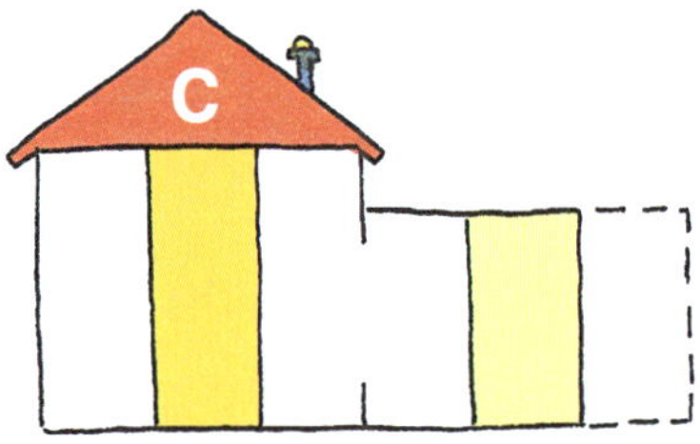

Bä⬤erei

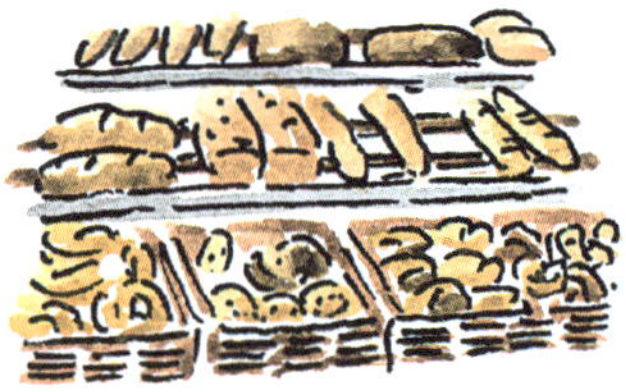

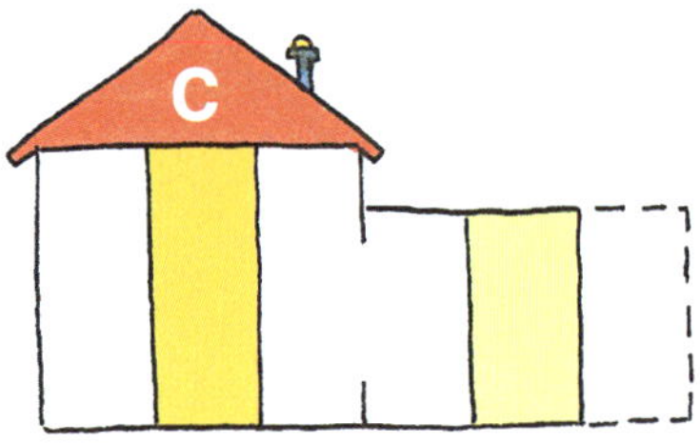

Dru⬤erpatrone

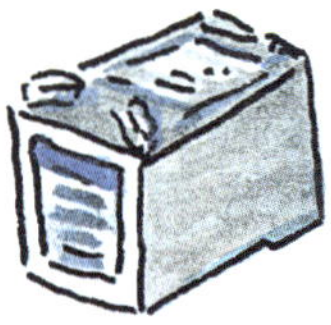

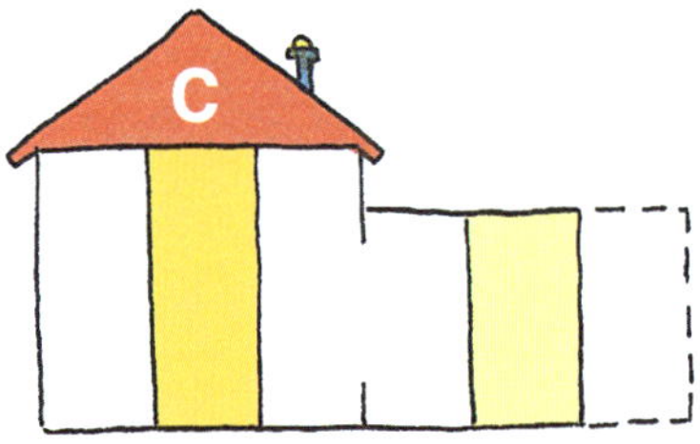

Ein Tag bei Lena

Lena wird mit Popmusik aus ihrem Radiowecker geweckt. Beim Frühstück läuft im Hintergrund das Radio-Morgen-Magazin.

Im Schulbus setzt sich Lena ihre Kopfhörer auf und hört Musik von ihrem Handy. Manchmal liest sie eine Comic-Zeitschrift.

In der Mathematikstunde zeigt die Lehrerin ein Rechen-programm auf dem Computer. Lena und ihre Mitschüler üben die Rechenaufgaben auf dem Tablet.

Am Nachmittag macht Lena ihre Hausaufgaben. Im Hintergrund läuft Musik. Als sie fertig ist, verabredet sie sich per WhatsApp mit ihrer Freundin. Gemeinsam spielen sie mit der Playstation.

Am Abend schauen sich Lenas Eltern ein politisches Magazin an. Deshalb schaut Lena einen Film auf ihrem eigenen Fernseher, bis sie endlich einschläft.

1. Ich: Welche Medien nutzt Lena den Tag über?
Unterstreiche die verschiedenen Medien im Text.

Du: Wie beurteilt ihr Lenas Umgang mit elektronischen Medien:
wenig – normal – übertrieben? Begründet eure Meinung:

Wir: Stellt eure Meinung in der Klasse vor und sprecht darüber.

2. Wie sieht dein Tagesablauf aus? Schreibe auf, welche Medien du täglich nutzt.

1. Was bedeuten die Begriffe? Verbinde die Erklärung mit dem passenden Begriff.

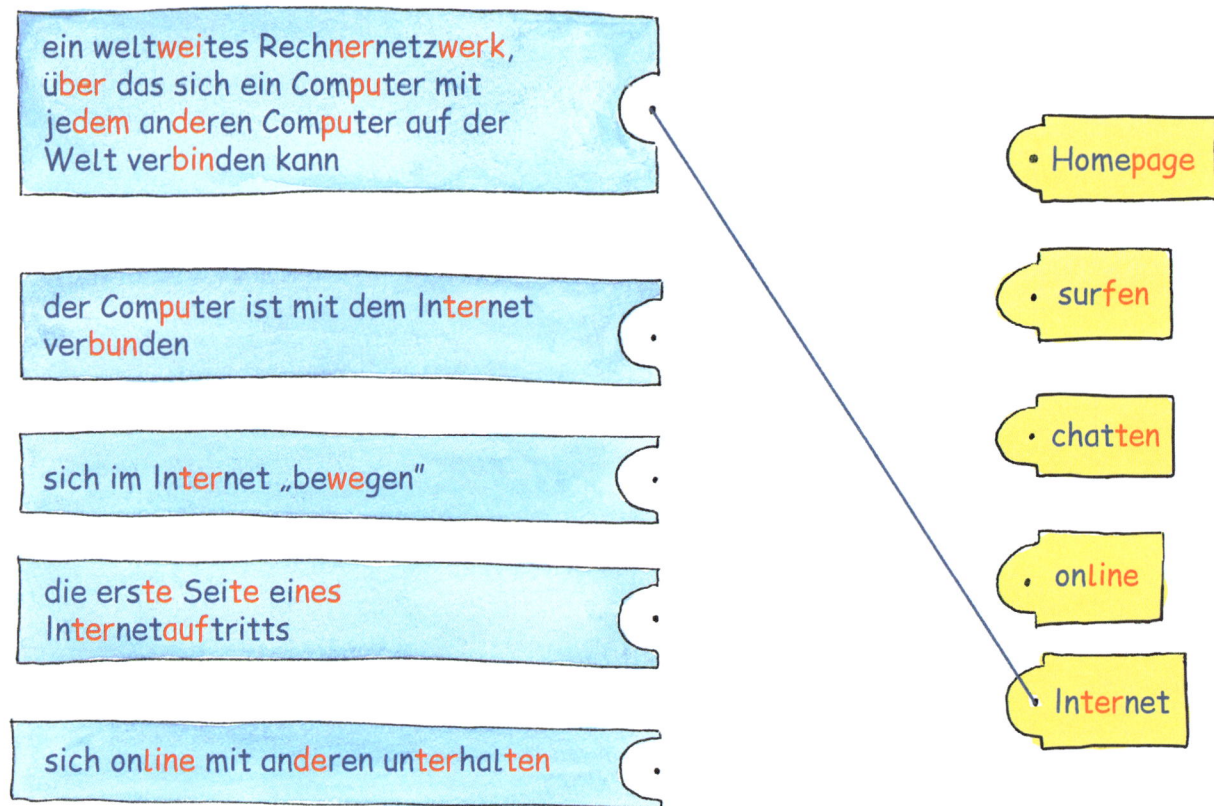

ein weltweites Rechnernetzwerk, über das sich ein Computer mit jedem anderen Computer auf der Welt verbinden kann

der Computer ist mit dem Internet verbunden

sich im Internet „bewegen"

die erste Seite eines Internetauftritts

sich online mit anderen unterhalten

• Homepage

• surfen

• chatten

• online

• Internet

2. Ergänze die Regeln für den richtigen Umgang mit dem Internet.

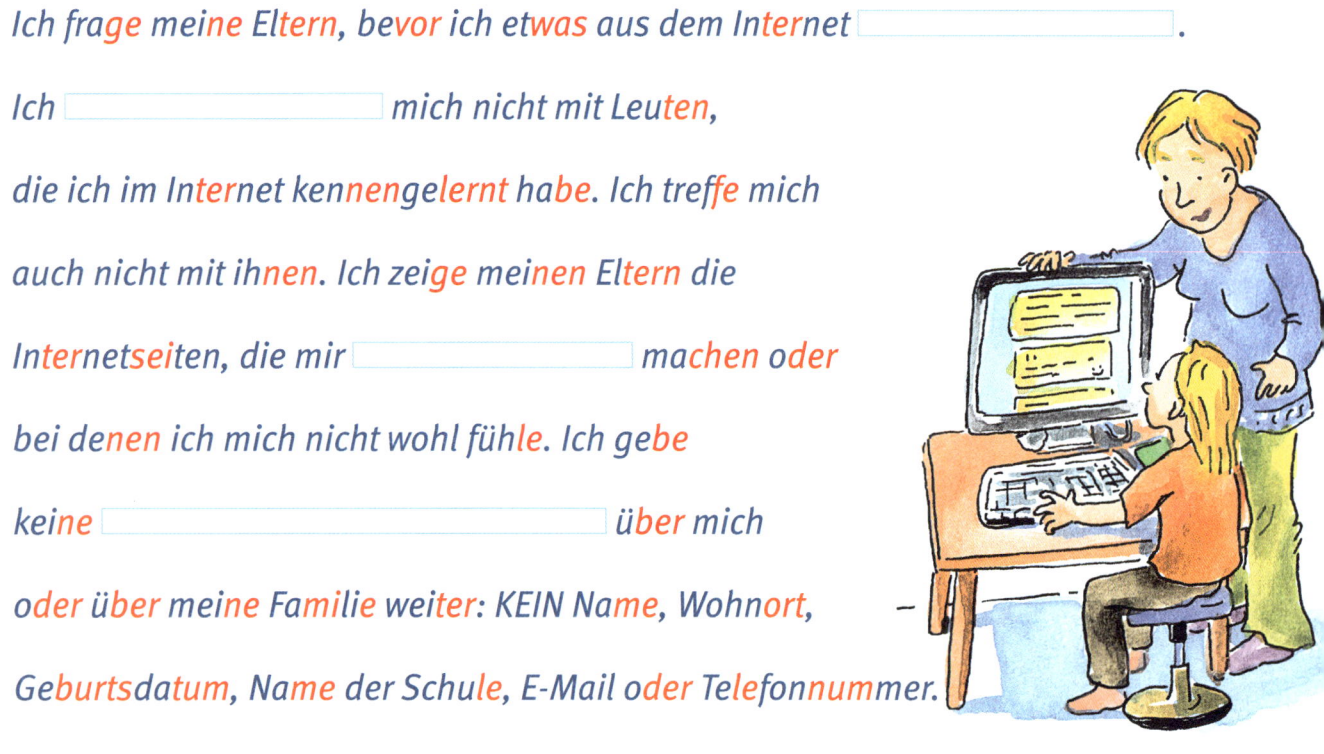

Ich frage meine Eltern, bevor ich etwas aus dem Internet _____ .

Ich _____ mich nicht mit Leuten,

die ich im Internet kennengelernt habe. Ich treffe mich

auch nicht mit ihnen. Ich zeige meinen Eltern die

Internetseiten, die mir _____ machen oder

bei denen ich mich nicht wohl fühle. Ich gebe

keine _____ über mich

oder über meine Familie weiter: KEIN Name, Wohnort,

Geburtsdatum, Name der Schule, E-Mail oder Telefonnummer.

| Angst | verabreden | Informationen | herunterladen |

Frühling – Wir schreiben ein Rondell

 S. 128

Ein Rondell ist ein Gedicht, das aus acht Zeilen besteht.
Einige Zeilen wiederholen sich nach einem festen Schema.

Überschrift	*Frühlingserwachen*
1. Zeile: Hinführung	*Die Natur erwacht.*
2. Zeile: Satz 2	*Ich habe den Frühling im Sinn.*
3. Zeile: beliebiger Satz	
4. Zeile: Satz 2	*Ich habe den Frühling im Sinn.*
5. Zeile: beliebiger Satz	
6. Zeile: beliebiger Satz	
7. Zeile: Satz 2	*Ich habe den Frühling im Sinn.*
8. Zeile: Ausblick	*Farbenprächtige Natur, süße Düfte wecken die Lust nach Wärme.*

1. Schreibe drei passende Sätze in das Rondell.

2. Erfinde selbst ein Rondell zum Frühling und stelle es in der Klasse vor.

Überschrift	
1. Zeile: Hinführung	
2. Zeile: Satz 2	
3. Zeile: beliebiger Satz	
4. Zeile: Satz 2	
5. Zeile: beliebiger Satz	
6. Zeile: beliebiger Satz	
7. Zeile: Satz 2	
8. Zeile: Ausblick	

Sommer – Wir schreiben ein Avenida

Ein Avenida ist ein Wortgedicht, das aus sieben Zeilen besteht.
Es ist aus 4 Nomen und dem Wörtchen „und"
nach diesem Schema aufgebaut:

1. Zeile: Wort 1	*Sommer*
2. Zeile: W 1 und W 2	*Sommer und Ferien*
3. Zeile: W 2	
4. Zeile: W 2 und W 3	
5. Zeile: W 1	*Sommer*
6. Zeile: W 1 und W 2 und W 3	
7. Zeile: W 4	*Sommerzeit*

1. Vervollständige das Gedicht.
   Das 3. Wort musst du selbst ergänzen.

2. Erfinde selbst ein Avenida zum Sommer.
   Du kannst es auch in Englisch
   oder einer anderen Sprache versuchen.

1. Zeile: Wort 1	
2. Zeile: W 1 und W 2	
3. Zeile: W 2	
4. Zeile: W 2 und W 3	
5. Zeile: W 1	
6. Zeile: W 1 und W 2 und W 3	
7. Zeile: W 4	

3. Stellt eure Gedichte in der Klasse vor.

Herbst – Wir schreiben ein Elfchen

S. 137

Das Elfchen ist ein Gedicht aus 11 Wörtern und einem festen Bauplan.
Es beschreibt einen Gegenstand oder ein Lebewesen
aus der persönlichen Sicht des Schreibers.

1. Zeile: 1 Wort   Bunt

2. Zeile: 2 Wörter   die Blätter

3. Zeile: 3 Wörter   wie sie leuchten

4. Zeile: 4 Wörter   ich mag diese Farben

5. Zeile: 1 Wort   Herbst

1. Ergänze die drei Elfchen. In jede Schreiblinie gehört 1 Wort.
Die Wörter im Weinstock helfen dir.

Stachelig

der _____

unten im _____

wie eifrig er _____

_____

Flink

das _____

oben im _____

wie geschickt es _____

_____

Reif

die _____

Frucht der _____

süß schmeckt ihr _____

_____

Igel   Baum   Kletterkünstler
Saft   frisst   Reben
Eichhörnchen   klettert
Laub   herrlich
Trauben
Winterschlaf

2. Erfinde selbst ein Elfchen zum Herbst
und stelle es in der Klasse vor.

1. Zeile: 1 Wort _____

2. Zeile: 2 Wörter _____

3. Zeile: 3 Wörter _____

4. Zeile: 4 Wörter _____

5. Zeile: 1 Wort _____

Ein Schneeballgedicht besteht aus neun Zeilen und einer Überschrift.
In Zeile 1 steht 1 Wort. Bis Zeile 5 kommt immer eines hinzu, dann je ein Wort weniger.
Zum Schluss wird eine passende Überschrift darüber geschrieben.

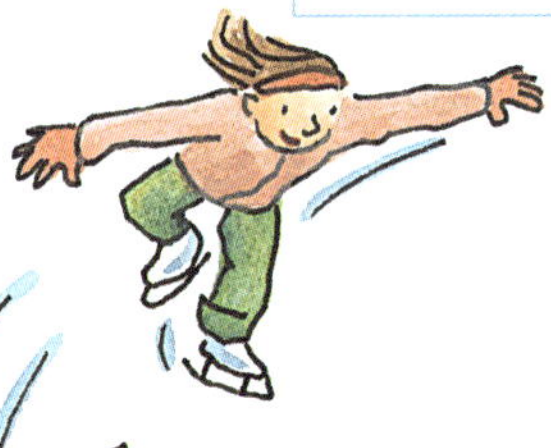

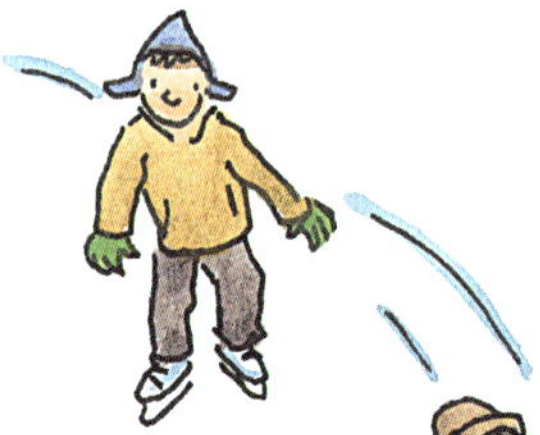

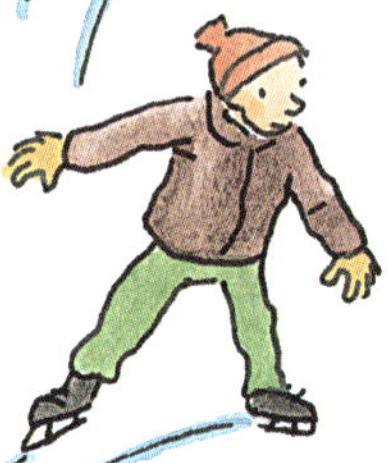

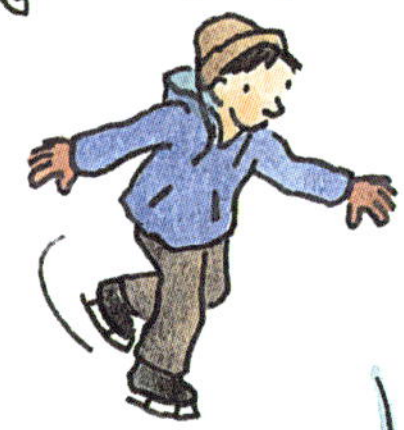

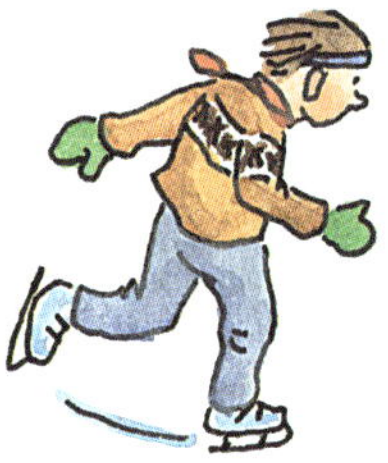

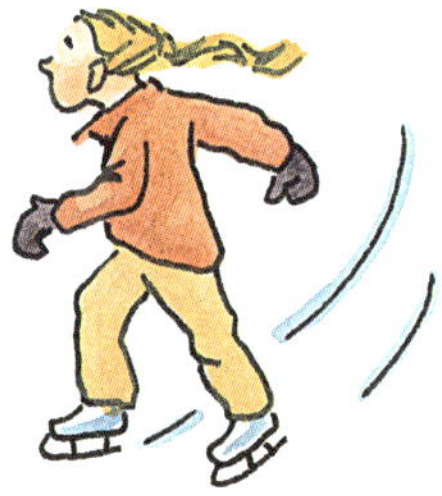

Überschrift

1. Zeile: 1 Wort   *Winter*

2. Zeile: 2 Wörter   *Am See*

3. Zeile: 3 Wörter   *Es wird kälter*

4. Zeile: 4 Wörter   *Wann trägt das Eis*

5. Zeile: 5 Wörter   *Schlittschuhe gleiten über das Eis*

6. Zeile: 4 Wörter

7. Zeile: 3 Wörter   *Es wird dunkel*

8. Zeile: 2 Wörter

9. Zeile: 1 Wort   *Glücklich!*

1. Ergänze die fehlenden Zeilen und finde dann eine passende Überschrift.

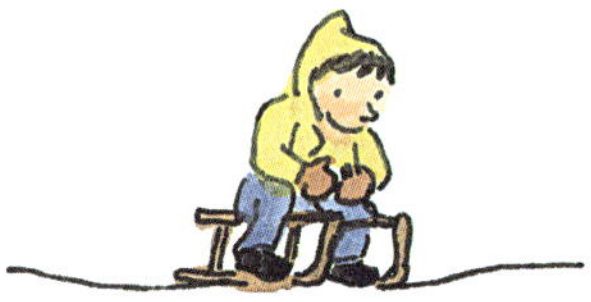

2. Erfinde selbst ein Schneeballgedicht zum Winter und stelle es in der Klasse vor.

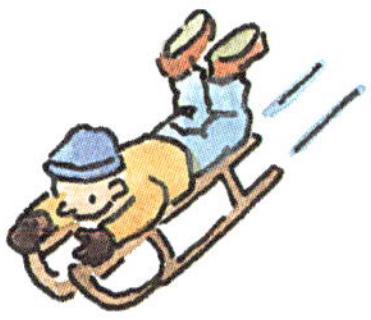

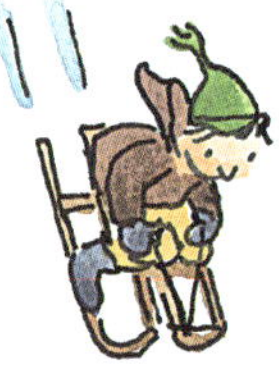

Überschrift

1. Zeile: 1 Wort

2. Zeile: 2 Wörter

3. Zeile: 3 Wörter

4. Zeile: 4 Wörter

5. Zeile: 5 Wörter

6. Zeile: 4 Wörter

7. Zeile: 3 Wörter

8. Zeile: 2 Wörter

9. Zeile: 1 Wort

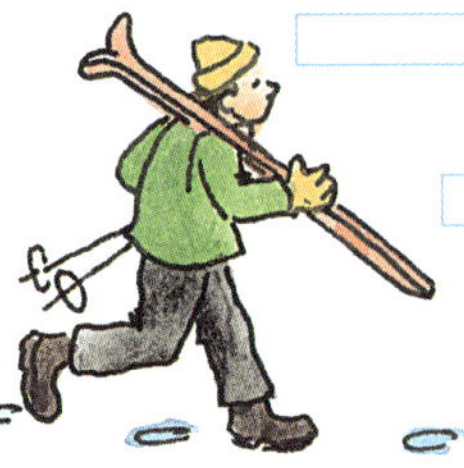

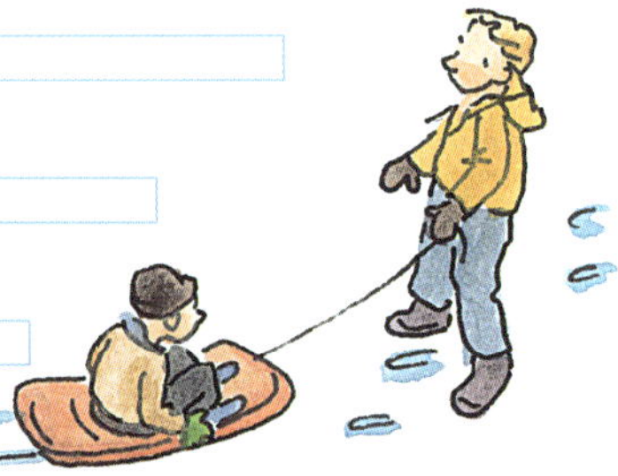